公共经济学案例解析

韩学丽　钱宏江◎著

中国国际广播出版社

图书在版编目（CIP）数据

公共经济学案例解析 / 韩学丽，钱宏江著. —北京：中国国际广播出版社，2021.12

ISBN 978-7-5078-5077-2

Ⅰ. ① 公…　Ⅱ. ① 韩…② 钱…　Ⅲ. ① 公共经济学－案例－中国　Ⅳ. ①F062.6

中国版本图书馆CIP数据核字（2021）第251672号

公共经济学案例解析

著　　者	韩学丽　钱宏江
责任编辑	王立华
校　　对	张　娜
版式设计	邢秀娟
封面设计	赵冰波
出版发行	中国国际广播出版社有限公司［010-89508207（传真）］
社　　址	北京市丰台区榴乡路88号石榴中心2号楼1701 邮编：100079
印　　刷	天津市新科印刷有限公司
开　　本	710×1000　1/16
字　　数	180千字
印　　张	11.5
版　　次	2021 年 12 月　北京第一版
印　　次	2021 年 12 月　第一次印刷
定　　价	48.00 元

前言

Preface

公共经济学作为经济学和政治学的交叉学科，是研究公共部门经济行为的一门学科，是公共管理类专业的核心基础课程之一。在公共经济学的教学中，教师们越来越多地采取了案例教学的方法。案例教学作为一种开放式、互动式的教学方法，通过在教学过程中为学生提供真实、典型的事件背景信息，组织学生开展讨论，形成反复的交流与互动，引导学生站在决策者的角度以创新的方式来寻找解决问题的途径。案例教学的精髓不在于让学生去认同和理解某种既定的观点，而是让学生用批判性的思维，拓宽思路，创造性地寻找解决问题的切入点。公共经济学案例教学的实践证明，它既有助于学生深刻理解和掌握公共经济学的基本原理，拓展学生的理论视野，又能引发学生的深度思考，帮助学生提高分析和解决现实公共经济问题的能力。

本书是为配合公共经济学的案例教学所著，所选案例皆为近年来在公共经济领域发生的引起社会广泛关注的热点焦点问题，涉及公共物品、外部效应、垄断、政府规制、公共收入、公共支出、政府宏观调控等公共经济学的相关内容。案例的选取尽可能具有典型性、代表性、针对性及争议性，便于引发读者们不同观点之间的争论和碰撞。在案例分析中，秉承理论与实践相结合的原则，在阐释基本理论的基础上进行实践剖析，并提出可进一步探讨的话题引发读者的思考和讨论。案例分析的目的不是为读者提供唯一正确的答案，而是通过案例激发读者对某一问题的关注和深入思考，并借此提高自己的理论知识水平，拓宽解决问题的思路。

本书在编写过程中借鉴了一些专家学者的成果，所选案例主要来自媒体报道和新闻线索，并尽可能注明出处。因作者水平有限，书中难免有错漏之处，恳请广大读者批评指正。

韩学丽

2021年10月

目录

Contents

案例1

消费券：政府花钱补贴居民消费

案例描述

自新冠肺炎疫情发生以来，全国多地统筹地方政府与社会资金，累计发放消费券达190多亿元。消费券对消费产生了明显的提振作用。专家认为，发放消费券主要是为了应对消费增长的下行压力。发放消费券效果虽明显，但不宜长期发放。

“据初步统计，疫情发生以来，有28个省份、170多个地市统筹地方政府和社会资金，累计发放消费券达190多亿元。”商务部副部长王炳南在日前召开的国务院联防联控机制新闻发布会上指出，这些促消费措施取得明显效果，实现了聚焦人气、增信心、振消费的目标。

消费券效果如何？有关专家在接受记者采访时指出，未来消费走势仍会受到新冠肺炎疫情影响，但从目前国内复工复产情况和“五一”假期消费走势看，未来消费回暖的速度将会加快。

“这次应对新冠肺炎疫情而发放的消费券，带动效果十分明显。”中国贸促会研究院研究员赵萍表示，发放消费券短期内对消费会产生明显的提振作用。

赵萍分析说，根据发放消费券的目的不同，我国地方政府发放的消费券可以分为三大类。第一类是面向低收入群体发放的；第二类是面向特定行业发放的，具有折扣券与抵用券的功能；第三类是面向企业发放的，用于抵扣企业需要支付的部分税款与“五险一金”等。目前国内发放的消费券主要是第二种类型。

“从实际情况看，各地的消费券相关活动效果都相当不错。”广东省商业经济学会会长、广东财经大学商贸流通研究院院长王先庆接受记者采访时表示，消费券的主要效果体现在3个方面。一方面，消费券真实地带动了消费，有的甚至带动了4倍至5倍的消费。另一方面，各地在消费券发放的过程中，与互联网平台合作，在促进消费的同时，推动了消费的数字化进程。此外，各地在发放消费券时，大多充分考虑了各地的产业特点和消费热点，从而使消费促进与产业发展相结合。

同时需要看到，虽然消费券发放作用积极，但仍应结合实际情况适度发放。

由于疫情防控需要，很多地方发放消费券时，文化娱乐、体育休闲等场所尚未全面复工，消费券的使用场景仍然有限。

“消费者对于去人员聚集场所消费还是比较谨慎。”赵萍说，由于疫情防控形势持续向好，消费券对消费的拉动效果，还将随着复工复产不断推进而进一步显现出来。

赵萍强调，当前发放消费券主要目的还是应对疫情带来的消费增长的下行压力，对于促消费与稳增长具有积极的作用，“从消费券的政策需求的角度来说，发放量还有进一步增长的空间”。

赵萍也表示，消费券效果虽明显，但不宜长期发放。消费券使用的是财政资金，各地要量力而行，根据财政的承受能力来决定消费券发放的规模，并根据疫情对当地经济的影响来科学地选择消费券支持的重点领域。从而在提升消费券带动效应的同时，尽可能减少财政负担。

王先庆认为，我国目前正处于消费“赋能”与升级的关键阶段，各种新消费方式正在迅速发展，消费对经济的带动和支撑作用已经开始体现。在这样的背景下，自疫情发生以来，全国累计近200亿元的消费券发放，从数量上看不算少。

“消费券作为一种特定条件的消费，具有气氛带动或引导功能，已达到了相应的效果，不宜过于依赖或放大它的效应。总体而言，财政性消费券的发放，应该控制在有限的时间和力度范围内。”王先庆表示，各地政府应尽快将消费促进的工作重心，转为常规性的消费促进机制建设。

（案例来源：《190多亿元消费券促消费回暖》，《经济日报》2020年5月13日。）

案例评析

一、概念和理论基础

（一）基本概念

消费券是政府或企业在经济不景气、消费不振时向消费者发放的支付凭证，借以刺激居民的消费意愿、增强消费能力，从而进一步带动产业复苏和投资增长。根据发放主体不同，消费券可分为政策性消费券和商业性消费券。商业性消费券是企业的一种营销策略，具有非公益性、非红利性特点。本节只关注政策性消费券，它是以政府财政资金为依托发放的，具有公益性、红利性特点，在特定的场所可抵现金使用，相当于给居民发放的现金补贴，只是不能套现。

（二）相关理论分析

1. 公共经济政策

消费券属于积极财政政策工具之一。在现代市场经济条件下，政府需要根据宏观经济的变动情况，适时制定和执行公共经济政策，以实现社会和经济发展目标。公共经济政策主要指财政政策，也包括货币政策。由于货币政策主要由独立于政府的中央银行来制定，所以由政府来制定的宏观经济政策主要指财政政策。财政政策是政府为了实现促就业、稳增长、抑通胀等宏观经济目标，而对政府支出和收入进行调整的决策。根据对宏观经济总量调节的功能不同，财政政策可分为扩张性政策、紧缩性政策和中性政策。政府可根据本国不同时期的经济形势，相应采取不同的财政政策进行相机抉择，以熨平经济波动。

当社会总需求呈现不足时，政府宜采取扩张性财政政策（积极财政政策），通过增加政府支出和减少税收来刺激总需求的增加，使总供给与总需求的缺口缩小乃至消失。增加政府支出可以增加政府的消费需求和投资需求，减少税收、降低税率可以增加企业和居民的可支配收入，从而增加民间的消费需求和投资需求。因而，增加政府支出和减少税收，都会扩大总需求。当然，二者并用的结果有可能招致政府财政赤字增加。反之，当社会总需求过旺时，政府宜采取紧缩性财政政策，通过减少政府支出和增加税收来抑制总需求的增加，从而消除通货膨胀，实现社会总供求平衡。消费券以政府财政资金为依托向社会发放，意味着政府支出的增加。在面对新冠肺炎疫情冲击而使国内消费需求严重下滑的情形下，发放消费券的方式会带来总需求的扩张，这种扩张是伴随着乘数效应而发挥作用的。

2. 乘数效应理论

乘数效应是一种宏观的经济效应，它是指经济活动中某一变量发生变化时，引起经济总量发生变化的连锁反应程度。若用公式来表示，如下：

$$k=\Delta y/\Delta i=1/(1-\text{边际消费倾向})$$

k为乘数，△y表示增加或减少的国民收入，△i表示增加或减少的支出。可见，乘数的大小与边际消费倾向有关，边际消费倾向越大，乘数越大。总需求的任何变动，如消费、投资、政府支出、税收、净出口的变动，都会引起收入若干倍的变动。在经济萧条时，政府通过一系列手段增加消费、投资、政府支出、净出口，减少税收，会引起国民收入成倍扩大，从而产生刺激经济规模扩张的乘数效应。反之，在经济过热、通货膨胀压力较大时，政府通过减少政府支出、增加税收等手段，则可通过乘数效应引起国民收入成倍收缩。消费券的投放，即利用乘数效应在需求严重萎缩的经济环境下，政府通过鼓励消费需求的增加而对总需求的增长产生扩张效应。政府发放消费券，在一定程度上激发了居民的消费欲望，居民增加了对产品和服务的购买，促进了企业销售和生产的扩大，企业生产的恢复和扩大带来了就业的增长，就业增长又进一步促进消费增加，从而促使国民经济走向良性扩张的循环。

3. 消费理论

美国经济学家米尔顿·弗里德曼（M. Friedman）提出的永久收入假说认为，消费者做出消费决策主要取决于他的长期的永久收入，而不是现期的暂时性收入。永久收入是消费者可以预计到的长期稳定收入，既包括劳动收入，也包括财产收入，由可观察到的若干年收入加权平均计算得出，离现在时间越近的年份，权重越大。长期的永久收入是稳定的，所以消费函数也是稳定的。即使短期内收入增加，如果这种收入增加不能持续的话，消费者不会马上调整其消费。另一位美国经济学家弗朗科·莫迪利安尼（F. Modigliani）提出的生命周期消费理论强调，人们倾向于在较长时间范围内计划他们的生活消费开支，以达到在整个生命周期内消费的最佳配置。两种消费理论各自侧重点不同，但都突出了以下几点：第一，消费者主要以一生或永久收入作为消费决策的依据，而不是只考虑现期收入的影响；第二，现期一次性收入变化所引起的消费支出变动甚微；第三，政府若采用临时性的经济政策（如税收政策）影响人们的短期收入，则不会对消费者的消费支出造成很大影响。[①] 从上述消费理论可以看出，政府发放消费券只是暂时增加了居民的收入，由于其不可持续，难以改变消费者对未来收入的预期，从而难以带来消费额的大幅增加。

---

① 高鸿业. 西方经济学［M］. 3版. 北京：中国人民大学出版社，2005：451-453.

二、消费券的经济效应分析

（一）消费券的乘数效应分析

从支出或需求的视角来看，投资、消费和净出口一般被比作拉动经济增长的“三驾马车”。在新冠肺炎疫情冲击下，我国出口大幅下滑，2020年一季度货物出口总值只有3.34万亿元，比2019年同期下降11.4%。国内在停工令、隔离令、居家禁令的严控下，内需疲软，一季度GDP同比下降6.8%，社会消费品零售总额下降19%。随着各行业逐步复工复产，产能得到逐步恢复，而消费仍在低位徘徊，并未出现疫情过后的“报复性增长”。于是各地政府纷纷通过发放消费券来拉动经济，缓解消费不足、供给过剩的问题。消费券种类形式多样，线上线下齐发，覆盖餐饮、百货、家电、文旅、汽车、爱心扶贫等众多领域。从各地实施效果来看，消费券产生了明显的乘数效应。数据显示：杭州发放的消费券核销2.2 亿元，带动消费23.7 亿元，乘数效应达10.7 倍；郑州首期发放5000万元消费券，发放两日核销1152.4 万元，带动消费1.28 亿元，乘数效应达11倍；武汉自4月20日至4月26日发放的消费券乘数效应达11.5倍。各地消费券拉动的消费额已超过百亿元。[①]

消费乘数效应表现在，通过消费券抵扣部分现金的形式诱发消费增长，释放企业的库存压力，使滞销的汽车、家电等工业品和农产品增加了销量，缓解餐饮、旅游、交通运输等第三产业的经营困境，使企业逐步恢复生产、增加投资。企业的复苏带动就业的增长，就业增长增加了人们的收入，收入增加又可以增加消费，从而形成“消费——投资——生产——收入——再消费”的良性循环，产生了宏观经济的扩张效应。当然，具体到消费券投向的不同产业、不同群体、不同地区，其所发挥的效应大小也

---

① 李博硕. 新冠疫情下消费券发放的内在逻辑与潜在风险研究［J］. 价格理论与实践，2020（4）：47-50.

有明显差别。（1）从产业角度来看，消费在产业链较长的行业（如汽车、家电等），不仅能带动本行业的增长，而且能带动相关上下游产业的增长，其乘数效应会更大；而消费在产业链较短的行业（如服务业），消费券则有可能被当作收入存入银行，发挥不了连锁消费的作用，乘数效应就小。（2）从不同群体来看，根据乘数效应，边际消费倾向越低，乘数越小，由于高收入者的边际消费倾向低于中低收入者，故投向高收入群体的消费券的乘数效应也偏小。根据对杭州消费券的跟踪调查，低收入群体和中等收入群体的杠杆率分别为5.0和3.8，显著高于高收入群体的2.6。（3）从地区角度来看，调查显示，经济欠发达地区消费券的杠杆率要高于发达地区，如广西消费券的杠杆率为5.3—7.7，宜昌杠杆率为8，沈阳杠杆率最高为12.55，远高于杭州、佛山、北京等发达城市。[①]这说明经济欠发达地区消费券对经济的拉动作用要好于发达地区。

（二）消费券的挤出效应分析

各地的消费券大多是以满额减券的方式使用，以消费券抵扣一部分现金。部分消费者便会将节省的现金存储起来，使得消费券对现金产生一定的挤出效应或替代效应。还有一些不法商家，勾结消费者违规套现，利用虚拟定位工具在全国范围内抢券，然后在二手交易平台上低价收购高价卖出，致使消费券并未流入消费领域，而是换成了现金，破坏了消费券的作用机制。由前面的消费理论可知，消费者消费支出的决策主要依据未来长期稳定收入，而不是短暂的临时收入。消费券只是政府临时发放给老百姓的“大红包”，而且红包的金额有限，如果消费者未来收入预期没有明显改善，则对于理性的消费者而言，并不会增加太多的消费。1999年日本政府为提振经济发放了6194亿日元“地域振兴券”，最终带动新增消费仅为使用消费券总额的32%。很多家庭表示，即使没有发放消费券，很多商品

---

① 李博硕.新冠疫情下消费券发放的内在逻辑与潜在风险研究［J］.价格理论与实践，2020（4）：47-50.

也依旧会进行消费，发放后只不过改由“地域振兴券”支付，而原本要用于消费的现金则转为了储蓄，据悉，约6成以上的消费券直接被转化成了储蓄。可见，当时日本消费券对现金的挤出效应明显。消费券使用期间确实对消费起到了一定的拉升效果，带动了消费和GDP小幅上涨，而消费券使用过后消费随即回落。所以，要想使消费有实质性的改善，必须建立起促进消费增长的长效机制。

（三）消费券的其他政策效应

消费券除了上述乘数效应和挤出效应之外，还可以发挥其他方面的作用。

1.消费券通过拉动消费稳增长保民生，以政府调控矫正市场失灵

2020年在新冠肺炎疫情冲击下，一季度全国经济几近停滞，停工停产停市，市场一片萧条，呈现严重的供需失衡。面对市场失灵，需要政府发挥宏观调控的职能，运用公共经济政策稳增长保民生。地方政府拿出一部分财政资金发放消费券提振消费，一方面，居民可以用来购买自己所需的商品和服务，获得政府补贴，使消费券发挥杠杆效应，真正体现财政资金“四两拨千斤”的作用；另一方面，使商家积压滞销的产品扩大了销路，门店开门迎客，缓解了企业因疫情造成的损失，从而对国民经济的恢复发挥了重要作用。各地发放的消费券都取得了不俗的成绩。杭州第一轮消费券兑付政府补贴9410万元，带动杭州消费12.46亿元；山东省发放文化和旅游惠民消费券1.29亿元，直接带动消费5.81亿元；广东省中山市3000万元消费券撬动消费超2亿元。另外，面向城乡低保或重点优抚对象发放的消费券可以雪中送炭，在一定程度上改善民生，帮助困难群众渡过难关，更好地体现消费券的公益性和红利性。

2.消费券可促进产业结构调整

消费券在流通环节或市场终端发放，消费者自主选择消费的商品和服务，促进了市场的优胜劣汰。这比政府直接增加投资大水漫灌式地普惠所

有企业，而使本应淘汰的企业死灰复燃要好。从这点来说消费券更有利于产业结构优化调整。政府还可以根据国民经济发展的需要，视不同行业受疫情冲击的程度大小，而有选择性地挑选重点行业发放消费券，比如很多地区推出的餐饮券、文旅券、汽车券、家电券等，都是为了帮扶受疫情冲击严重的行业复苏。

三、引申思考

（一）消费券政策的局限性

综上所述，此次疫情重创了我国的消费需求。在企业普遍复工复产、商家恢复营业而消费并没有明显回暖的情况下，政府通过发放消费券补贴消费刺激需求，短期内拉动经济的效果令人满意，但也应该看到这项政策的局限性：

1. 消费券短期作用较明显，长期效应不显著

其原因在于消费者对未来收入的预期并没有改变，因此在消费券发放过后不会盲目扩大消费。而消费券来自政府财政资金，属于政府转移性的支出，受地方政府财政能力的限制，不会长期发放，而且会影响政府在其他方面的支出。因而消费券只是属于短期刺激政策，不可持续亦不能治本。

2. 对市场机制造成一定程度的干扰

政府对消费券发放领域的选择，本身就是对市场的扰动，被选中的领域得到了更多的扶持，助长了企业的惰性，人为地影响了市场资源配置职能和优胜劣汰作用的发挥。消费券往往有指定的消费品类，这影响了消费者的购物选择，改变了消费意愿，对原有消费产生挤出或替代效应，干扰了市场秩序。同时，在短时间内发放大量消费券，对于供给弹性较小的商品来说，短期难以迅速扩大生产，在没有大量库存产品的情况下，很容易造成物价上涨，当然如果是供给过剩的话，对物价的干扰不大。

3.可能引发其他社会问题

在政府监管不到位的情况下，一些不法商家借发放消费券之机抛售滞销产品，提前抬高商品价格，扰乱正常的消费市场。商户与消费者勾结利用消费券违规套取现金。消费券限于当地使用，容易引发寻租和腐败行为。短期内发放大量消费券，会给政府财政带来较大压力。消费券发放渠道、领域、受众群体都需要精心设计，认真推敲，否则会产生收入再分配效应，出现新的不公平现象。

（二）促进消费的相关建议

要想充分发挥消费对经济的持久拉动作用，还需要完善相关制度设计和配套机制的建设。

1.建立促进消费增长的长效机制

消费作为拉动经济增长的“三驾马车”之一，对GDP增长的贡献率在60%以上，尤其是在当前国际形势恶化，出口严重萎缩的情况下，打造国内经济循环、挖掘国内市场需求就显得尤为重要。消费的增长来自消费者对未来长期稳定收入预期的改善，根本点在于改善就业状况，增加劳动者的收入。为此政府应继续加大减税降费的力度，切实减轻企业负担，改善营商环境，增加金融支持，大力扶持中小企业和民营企业的发展，鼓励企业转型升级，以产业发展带动就业增长。对于受疫情冲击较重的行业企业，增加政府补贴和银行贷款支持，减免租金和社保缴费等各项负担，尽力缓解其经营困境。完善社会保障体系，增加对困难群体的帮扶，保障基本民生需求。着力做好大学毕业生的就业工作，增加灵活就业、弹性就业等多种就业形式，鼓励自主创业，增加第二学位、专业硕士等学位就读名额，多措并举缓解就业压力。通过产业发展、就业增加来释放消费潜力。

2.完善消费券的制度设计和发放模式

尽管消费券存在一定的弊端，但是在应对疫情冲击带来的消费低迷的特定环境下，消费券还是能充分发挥其拉动消费、引领需求增长的积极作用的，关键在于完善消费券的制度设计和发放模式，并加强监管。消费券的发放应该打破平台的限制，多平台发放，并且线上线下同时发放。拓宽发放渠道，使得消费券可以使老人和孩子方便获得，覆盖更广泛的人群。在行业的选择上，重点放在产业链条长、扩张效应广以及受疫情冲击较为严重的行业上。在地区选择上，欠发达地区相较于发达地区可以增加消费券的发放力度，由中央财政通过转移支付给予资金支持。发放对象应重点向贫困人口、弱势群体和困难群众倾斜，充分发挥消费券的公益性、红利性特点，将拉动消费与保障民生有机结合起来。同时，政府要加强对消费券政策落实程度的监督检查，严肃查处不法商家违规涨价坑害消费者、炒卖套现消费券、利用抢券软件违规操作等不正当竞争行为，维护市场的正常秩序，充分发挥消费券的积极作用。

案例讨论

1. 如何全面认识消费券的政策效应？试从政府、企业、居民三个不同的角度进行分析。

2. 你认为造成我国消费率偏低、制约消费者扩大消费的障碍有哪些？如何建立促进消费增长的长效机制？

案例2

深圳楼市调控下狠棋

案例描述

2020年7月15日，深圳市住建局等多部门联合发布《关于进一步促进我市房地产市场平稳健康发展的通知》（以下简称《通知》），大幅调整了限购措施，比如规定深户居民家庭、成年单身人士（含离异）须在本市落户满3年，且能提供购房之日前在本市连续缴纳36个月及以上个人所得税或社会保险证明，方可购买商品住房。

在北京工作的林女士对记者说，2016年11月，她将户口落在了深圳，按照之前“本市户籍成年单身人士（含离异）在本市限购1套住房”的政策，她即便在外地工作，也可以在深圳买房。在最新限购政策出台后，其表示可能得调整购房计划了。

深圳对深户人士限购升级：有户口还要3年个税或社保证明

新京报贝壳财经记者注意到，此次《通知》主要调整的是深户居民家庭及成年单身人士的限购政策。

按照《通知》，深户居民家庭、成年单身人士（含离异）须在本市落户满3年，且能提供购房之日前在本市连续缴纳36个月及以上个人所得税或社会保险证明，方可购买商品住房。而原规定则为：本市户籍居民家庭（含部分家庭成员为本市户籍居民的家庭）执行限购2套住房的政策；本市户籍成年单身人士（含离异）在本市限购1套住房，而并没有对个税或社保缴纳的年限进行规定。

中原地产首席分析师张大伟认为，过去，深圳的购房资格获取相对容易，大部分炒房客借助深圳落户获得首套房贷款资格，本次政策升级要求必须3年个税或社保，这也将有力打击部分炒房客户。

的确，据记者了解，按照现行规定，在深圳落户并非难事，具有普通高等教育本科以上学历，且年龄在45周岁以下的人员，或具有普通高等教育专科以上学历，且年龄在35周岁以下的人员均可办理人才引进迁户，也就是说普通的应届毕业生就可以选择在深圳落户。

对于非深户人群，《通知》称，居民家庭、成年单身人士（含离异）继续按照提供购房之日前在本市连续缴纳5年及以上个人所得税或社会保险证明，方可购买商品住房的规定执行。

针对“离婚买房”这一现象，《通知》也进行了限制，称夫妻离异的，任何一方自夫妻离异之日起3年内购买商品住房的，其拥有住房套数按离异前家庭总套数计算。而此前的相关规定则为，购房人离婚2年内申请住房贷款，贷款首付款比例不低于七成，但离婚前无房无贷仍按三成执行，仅有1套房按五成执行。对比来看，“离婚购房”的监管依然十分严格。

非普通住宅首付比例提高　打击高端住宅市场

本次新政还调整了首付比例，且特别区分了普通住房和非普通住房的首付比例。按照规定，购房人家庭名下在本市无房但有商业性住房贷款记录或公积金住房贷款记录的，购买普通住房的贷款首付款比例不低于50%，购买非普通住房的贷款首付款比例不低于60%。同时规定，购房人家庭名下在本市拥有1套住房的，购买普通住房的贷款首付款比例不低于70%，购买非普通住房的贷款首付款比例不低于80%。而原来，上述第一种情况，仅规定贷款首付款比例不低于50%；第二种情况，仅规定贷款首付款比例不低于70%。对比来看，显然购买非普通住房的贷款首付款比例均比原来提高了10个百分点。

那么，普通住房与非普通住房又该如何区分呢？按照《通知》，享受优惠政策的普通住房应当同时满足住宅小区建筑容积率在1.0（含）以上；单套住房套内建筑面积120（含本数）平方米以下或者单套住房建筑面积144（含本数）平方米以下；实际成交总价低于750（含本数）万元等多个条件。反之，则是非普通住房，也就是说，若实际成交总价高于750万元，则须按照非普通住房的贷款首付比例，增加了购房者的首付负担。

张大伟表示，本次政策将非普标准提高，750万元以上的"豪宅"将变成二套首付80%，接近当下全国政策最严格的北京，这对于高端住宅市场的打击非常大。

值得一提的是，购房人家庭名下在本市无房且无商业性住房贷款记录或公积金住房贷款记录的情况不受新政影响，仍执行贷款首付款比例最低30%的政策。

购房者：期盼新政能给房价降降温

意欲在深圳购房的王洋（化名）称："最近半个月正好计划购房，但是政策出来之后，我就没有购房资格了，毕竟现在还没有成功落户，如果按个税走，还有一年才能有购房资格，不过，这也不一定是坏事，如果能管控房价涨得不那么快或跌点，也挺好。"林女士也有类似的想法："限购加码之后，深圳二手房应该就不会涨得那么多、那么快了。"

深圳市民王怡（化名）对记者说："现在深圳缺的不是政策，而是落实。和其他一线城市不同，深圳小产权房非常多，同地段的小产权房价格比商品房便宜很多，因此交易也比较活跃。这些房源不受监管控制，对整体政策的落实影响还是挺大的。"

诸葛找房数据研究中心高级分析师王小嫱认为，深圳调控收紧是市场过热的必然结果。

上半年，深圳二手房地产市场疫情后飞速恢复，增速指标领先其他城市。诸葛找房数据显示，今年上半年深圳二手住宅成交高达43586套，累计同比增长达39.9%，增速大于北京（–5.8%）、上海（–8.4%）等一线城市。成交量大涨的背后，深圳房价也十分坚挺，安居客APP（应用程序）数据显示，深圳二手房7月挂牌均价为55863元/平方米，环比涨0.23%，同比提升3.23%。

新政后，深圳楼市或将出现明显降温。张大伟认为，部分投资客很可能开始离场。市场7—8月起成交量快速萎缩，整体看，若深圳新政严格执行，预计未来半年，投资比例将暴跌，房价将开始一轮明显的下调，跌幅在5%以上。

易居研究院智库中心研究总监严跃进则认为，此次政策具有很强的信号意义。疫情下，部分城市房价上涨过快，违背了稳房价的导向，也违背了房住不炒的政策导向。此类政策出台，目的就是要进一步稳市场，防范市场炒作。

（案例来源：潘亦纯《深圳楼市调控升级　购房须落户满三年》，《新京报》2020年7月16日。）

案例评析

一、理论基础

财政政策与货币政策是政府进行宏观调控的两大政策工具。财政政策是政府为了实现促就业、稳增长、抑通胀等宏观经济目标，而对政府支出和收入进行调整的决策。财政政策可利用的政策工具包括税收、公债、政府支出和政府投资等。财政政策工具是我国进行房地产调控经常运用的政策工具之一，在房地产资源配置和调控过程中发挥了重要作用，比如有关房地产的税收设计和调整、主要由政府投资的保障性住房建设等。财政政策的主体是各级政府，包括中央政府和地方政府，以中央政府为主。改革开放以来，地方政府有了较大的自主权，承担着中央政策执行者和本地区政策制定者的任务，既需要贯彻执行中央政府的政策指令和指导精神，同时也需要针对本地区经济社会发展情况及时采取灵活有效的政策措施，以促进本地区经济社会平稳和谐发展。深圳对于楼市调控的综合措施，发挥了税收的调控作用。《通知》规定："更新存量住房（二手住房）交易计税参考价格，使计税参考价格更接近市场价格；同时，将个人住房转让增值税征免年限由2年调整到5年。"即充分发挥市场力量，利用税收手段遏制房地产投机行为。

货币政策是一国政府为了实现一定的宏观经济目标，运用信贷、利率、汇率等工具对货币供应进行调整的方针和措施。在房地产调控中，货币政策是政府运用得比较多的政策工具。通过对房地产领域信贷投放量的松紧控制、利率水平高低的调整、贷款对象的限制等多种手段的组合应用来平抑房地产市场周期的波动，防止出现房地产过热或过冷的极端变化，促进房地产市场的健康发展。深圳市政府充分利用了差别化住房信贷政策对房地产市场的调节作用。《通知》明确：对无房无贷的首次购房家庭，继续执行贷款首付款比例最低30%的政策；对无房但有房贷记录或已有1套住房的购房家庭，如购买普通住房，继续按2016年深圳市《关于进一步促进我市房地产市场平稳健康发展的若干措施》分别不低于50%、70%的贷款首付款比例要求执行，如购买非普通住房，最低首付款比例均提高10个百分点，即分别为60%、80%。此举切实保障了住房刚性需求，抑制了投资投机需求。

基于我国的国情，针对房地产市场的管制政策也十分有效。管制也称规制或监管，其原意是有规定的管理，或有法规条例的制约。现代意义上通常是指政府运用法律法规对微观主体的活动和行为进行影响、干预、限制及规定。[①]此次深圳出台的限购措施即属于限购管制政策，着眼于从需求端限制购房者的资格，减少房地产市场成交量，对抑制房价上涨效果

① 徐德信，等.公共经济学［M］.合肥：中国科学技术大学出版社，2011：125.

明显。

深圳楼市调控综合运用了财政政策、货币政策以及限购管制等政策，是多种政策实施的组合拳。针对居民消费性和投资性两种不同住房需求实行差别化的政策，既满足了刚需，又打击了投机炒房，使房地产市场恢复健康发展。从各项政策的效果来看，限购政策在短期内对控制房价过快上涨是有明显成效的。

二、基于住房“二元”属性的限购政策作用机制

2016年12月中旬，中央经济工作会议提出，要坚持“房子是用来住的，不是用来炒的”的定位，要求回归住房居住属性。住房作为一种特殊的商品，它具有二重属性，一方面它是满足居民客观居住需要的消费品；另一方面它是满足投资或投机需求可能带来投资增值收益的资本品。其中消费属性（居住属性）是住房的基本属性，而投资属性是在其之上的派生属性。限购管制政策的着眼点在于回归住房的消费属性，控制投资属性，打击投机属性。为限制日益高涨的房价，自2010年起，北京、深圳等多个城市便陆续推出了各自的“限购令”。从实施效果来看，“限购令”的推出非常有效地遏制了住房成交量的大幅增加，压制了新建住房和二手房价格过快上涨的势头，稳定了百姓对住房价格的预期。研究发现，实施“限购令”的城市比没有实施“限购令”的城市房价下降2.5%，交易量升高0.15%。[①]

广义的限购政策至少包括三种：（1）买者限量购买，一般需要达到一定的资格才能购买，如户籍要求、缴纳税收（社保）证明等，以甄别刚性需求还是投资（投机）需求；（2）银行限贷，通过调整首付款比例和房贷利率水平来影响购房成本；（3）限价限售，房产销售商需按政府规定的房价上限或房价增长率上限合理制定价格，对炒房客限制出售，从供给的角

① 乔坤元.住房限购令真的起作用了吗?——来自中国70大中城市的证据［J］.经济与管理研究，2012（12）：25-34.

度来规范房地产市场。

限购政策发挥作用主要依靠两条途径。一是通过限制购房者的支付能力进而达到限制投资性（投机性）购房需求。此次深圳限购政策严格规定了购房者在购买首套房及两套以上住房时的贷款首付款比例，第一套房首付款比例不得低于30%，无房但有房贷记录或已有1套住房的购房家庭再次购买普通住房时首付款比例分别不低于50%、70%，购买非普通住房时首付款比例还要分别提高到60%和80%。差别化的限贷政策主要保护了刚性需求购房者，回归住房的消费属性。二是通过限定购房者的身份（户籍），对不同类型的购房者给予差别化的购房限制。深圳将购房资格锁定在两类人群，一是拥有本市户籍3年以上且有连续3年缴纳个人所得税或社保记录的深圳户籍家庭，二是有本市连续5年以上缴纳个人所得税或社保记录的非深圳户籍家庭。为打击假离婚买房的投机现象，深圳还特别规定夫妻离异3年内买房算作离异前家庭总套数，因此被称为“史上最严限购令”。

限购政策的实质是一种带有“歧视性”的管制政策，属于行政手段，而非市场调节手段。这种“歧视”是一种差别化的待遇，即满足刚性需求者买房的要求，保护这一群体的利益，而限制和打击投机炒房、哄抬房价、借机谋取利益的炒房者，维护房地产市场的稳定和百姓的民生。

三、房地产市场调控困境

我国自1998年实行商品房制度以来，房价持续过快上涨引起了中央的高度重视，政府多次出台调控措施对房地产市场进行调控，政府为什么要调控房地产市场呢?

（一）房价过快上涨蕴藏着经济长期发展隐患

房地产价格超常规增长，使投资房产获利丰厚，诱发大量投机炒房行为，社会资本源源不断地流向房地产行业。企业、居民纷纷参与到炒房大军之中，很多企业甚至以房地产投机代替实体投资，造成产业空心化，实业生产荒废，打击了实体经济发展。长此以往，势必影响我国经济结构调整和产业升级，透支未来经济增长动力。改革开放以来，我国经济取得了令人瞩目的发展成就，但同时也存在着企业研发水平不高、核心技术受制于人的现象。房地产投资作为高回报、见效快的项目，近年来已经吸引了大量实业资本转投房地产业，挤占了企业用于生产研发和技术创新的资金，对产业结构调整升级造成不利影响。另外，过高的房价给城市居民买房带来巨大压力，很多家庭举全家之力，还要找亲戚朋友借钱，再加上银行贷款才能凑够房款。买房挤占了除房产之外的日常消费，影响扩大内需的政策效果，减弱了消费对经济的拉动作用。

（二）房产泡沫的破灭容易诱发金融系统风险

房地产业属于资本密集型行业，对金融机构融资依赖程度很高。近年来信贷资金中有很大比重投向了与房地产相关的行业，这就使得房地产业的风险高度集中于银行体系。正是由于金融资本的大力支持，使得巨额信贷资金不断涌入房地产业，加剧了房地产的泡沫。在房地产价格层层攀升时，人们盲目乐观，忽视了潜在的风险。然而房地产市场的过度投机使其虚拟价值远远超过资产实际价值时，蕴藏的金融风险便会越来越大，泡沫破灭的可能性也就越来越大。一旦房地产企业经营困难，资金链断裂，引发泡沫破灭，房价暴跌，房地产企业的经营风险和消费者的信贷风险就会传导至银行系统，变成银行机构的违约风险。而金融系统的高度传染性又会将银行系统的风险向全社会范围扩散，进而诱发金融危机甚至全面的经济危机。美国2008年次贷危机的爆发就是前车之鉴。

（三）扩大居民收入和财富差距

伴随着我国国民经济的快速增长，居民收入差距扩大和财富悬殊的问题越来越突出，已成为影响我国经济社会稳定的一个重要问题。根据国家统计局公布的基尼系数，2012年为0.474，2013年为0.473，2014年为

0.469，2015年为0.462，2016年为0.465，2017年为0.467，早已超过了0.4的国际警戒线。房地产作为居民最重要的财产，对居民收入和财富差距的拉大起到了推波助澜的作用。很多城市尤其是大城市的拆迁改造项目使城市居民的住房得到明显改善，甚至使一些家庭坐拥多套房产，尽享城市发展和公共服务改善带来的房地产增值收益，扩大了他们和其他家庭的财富差距。由于城镇化进程的加快，各地房地产价格加速上涨，扩大了有房者和无房者、早购房者和晚购房者以及城市居民和农村居民的财富差距。

因此，房地产市场过热容易引发诸多问题和风险，政府不能坐视不管。并且房子关乎老百姓的民生问题，按照中国的传统习俗，“安居”才能“乐业”，能否拥有一套自己的住房关系到很多家庭的幸福，这是基本的民生问题。为民解忧是政府的职责所在，因此政府必须进行房地产调控。

然而任何事物都有它的两面性，房地产业同时也是推动我国经济增长的重要支柱产业之一。（1）房地产投资作为固定资产投资的重要组成部分，可有力推动经济增长。2003—2009年，我国房地产行业的固定资产投资在固定资产投资总额中排在第二位，仅次于制造业，占GDP的比例超过10%，远高于同期发达国家的占比。不仅如此，房地产业还可以带动上下游诸多产业的投资增长。房地产业与20多个产业直接关联，涉及的上下游行业多达50多个。房地产业每减少100万平方米建筑量，会影响30万人就业，减少2万吨钢材需求，减少8万套门窗需求，减少2万套卫生洁具需求。① 因此房地产增长较快的省份也是经济增长较快的省份。（2）房地产业可以吸引大量的人口就业。与房地产相关的建筑业、房地产中介服务、住宅装修、建材制造销售、家具等行业，是解决居民就业的重要行业，而且其关联的上下游行业众多，房地产业的繁荣，亦可带动上下游行业增加就业。（3）房地产业为地方政府贡献了巨额的财政收入。地方政府通过出让土地获得的土地使用权出让收入，成为地方政府重要的收入来

① 舒扬，陈铃.住房二元属性下的“限购令”对房市的影响［J］.调研世界，2017（12）：8-15.

源，2018年全国土地使用权出让收入达65096亿元，占同期政府性基金收入的90.56%。另外，很多地方税税种都和房地产相关，如房产税、契税、土地增值税、耕地占用税、城镇土地使用税等，能贡献地方税收收入的近20%。所以，很多地方都将房地产业列为当地的支柱产业之一。

四、结论与建议

房地产业一方面能有效带动地方经济增长，另一方面，房地产价格的过度上涨又隐含经济长期发展的隐患，从而使政府面临房地产调控的两难困境。然而全面对比房地产业对经济社会影响的利弊，由政府控制日益高涨的房价，保持房地产市场稳健发展，坚持“房住不炒”的方针，稳定房地产价格预期，是一项正确的选择。深圳此次限购政策的推出，就有效控制了房价上涨的势头。当然仅有限购政策是不够的，房地产市场的稳健发展还需要政府全方位的调控和治理。

（一）深化财税体制改革，健全地方税收体系

纵观20多年来房地产价格泡沫的形成和加剧，与土地财政现象是分不开的。由分税制造成的财力向中央集中的纵向财政失衡，使地方政府加剧了对土地财政的依赖。地方政府将手中掌握的土地高价卖给房地产开发商，获得土地使用权出让收入，借以弥补财政收支缺口，却也同时推高了房价。因此，深化财税体制改革，合理划分中央与地方的财权与事权，适当上移事权、下放财权，缓解地方财政困难，可降低地方政府对土地财政和房地产业的依赖，有利于房地产市场的健康发展。同时，选择适当时机向全国推广房地产税，增加住房保有环节的成本，发挥税收对房价的调节作用，并健全地方税收体系，缓解地方财政困难；完善个人所得税、增值税、契税等税种的相关条款，打击房地产投机行为。

（二）优化信贷结构，加强金融监管

银行信贷资金对房地产价格攀升起到了推波助澜的作用。在相对宽松

的货币环境下，由于实体经济较房地产业利润率低，信贷资金在逐利的趋势下大量涌入房地产业，造成实体经济“缺血”，既加剧了房地产市场的泡沫，又不利于长期经济增长。因此需要优化调整信贷结构，不要搞资金的“大水漫灌”，而是通过产业政策引导资金流向实体经济部门，控制信贷资金过度涌向房地产业，对违规投向房地产的金融机构予以处罚，从源头上遏制泡沫经济的发生。同时，积极借鉴国外先进经验，发展房地产金融业，开展房地产投资基金和房地产抵押贷款证券化，促进房地产市场的稳健发展。

（三）继续推行限购政策，稳定房地产价格预期

限购政策是一项符合中国国情且能有效抑制房地产投机需求的管制政策，通过减少需求来控制房价上涨，收到了很好的效果。尤其是在当前流动性充裕、货币政策较为宽松的大环境下，企业和居民手中握有的货币会找寻高收益的投资渠道，这些资金很容易流向房地产市场进而推高房价。因此继续推行限购管制政策，稳定房地产市场预期，对控制房价上涨是一项切实可行的举措。当然，未来中长期房地产市场的稳定运行还有赖于住房保障制度的不断完善，加上财政金融政策的协同配合。

案例讨论

1.房地产调控手段有哪些？试比较各种政策手段的优劣及作用机制。

2.政府对房地产的调控面临怎样的困境？你认为应如何走出这种困境？

案例3

敌敌畏海参挑战监管底线

案例描述

一、315晚会曝光：养海参整箱放敌敌畏 南方海参冒充北方海参

据中央电视台财经频道官方微博2020年7月16日消息，315晚会曝光“养海参整箱放敌敌畏，南方海参冒充北方海参”现象。

山东即墨是我国主要海参养殖区域之一。2019年10月，正是海参苗培育期，记者来到栲栳湾养殖基地，发现一个池塘边堆放着近百个玻璃瓶，上面写着：敌敌畏。养殖户坦言，为了清除不利海参生长的其他生物，他刚刚往池塘里加入了不少敌敌畏。恒生源，是当地规模较大的海参养殖基地之一，基地内的养殖户也承认经常要用到敌敌畏：“敌敌畏，一个池子我使三箱、四箱，鱼虾都死了。”记者在山东即墨调查发现，这种现象非常普遍。那么，记者很是诧异，往池塘里投放这么多的敌敌畏，难道不怕将海参杀死吗？一位兽药店经营者告诉记者：“海参抗药性是最厉害的，敌敌畏都药不死海参。”此外，养殖户告诉记者，使用过农药的海水还会被重新排回大海。一些大棚海参养殖户也偷偷告诉记者，他们在养殖过程中也经常用到抗生素等各种兽药原粉。

2019年11月，到了海参苗出苗的时间，记者再次来到了山东即墨，发现来这里收购海参苗的，大都是来自南方的商人。从业者向记者透露了一个鲜为外人所知的行业秘密：海参养成后，还会再次大费周折拉回北方市场加工、销售。一位业内人士透露："销路都靠北方人，市场里面，80%是我们南方海参。"一些经销商告诉记者，真正的北方海参生长周期长，肉质紧实，价格高，而南方海参生长周期短，价格低，一般消费者很难辨别，因此不少商家都会用南方海参冒充北方海参。

二、山东即墨处罚违规使用敌敌畏海参养殖户

针对中央电视台315晚会曝光的山东即墨部分海参养殖户违规使用农药等问题，即墨区委区政府高度重视，立即责成即墨区农业农村局、市场监管局、自然资源局、公安分局联合开展执法检查，对相关问题迅速调查、依法处理。

目前，即墨区农业综合行政执法大队已对田横镇孙某经营的畜牧兽医水产养殖服务部进行执法检查，在该服务部库房内查获其经营的土霉素原粉一宗，执法人员立即启动执法程序，进行了证据登记保全，公安部门已对当事人采取了强制措施。下一步，执法机关将依法对当事人进行调查询问并将涉案的土霉素进行鉴定，结合调查结果，依据《兽药管理条例》相关规定进行处罚。如果涉嫌犯罪，将由司法机关依法予以严惩。

关于海参养殖户违规使用敌敌畏问题，经查，是部分养殖户在清池时违规使用农药。将根据《农药管理条例》第60条第五款规定进行处罚。即墨区自然资源局和即墨区农业农村局将联合有关部门在全区范围开展海参养殖专项整治行动，严厉查处违规违法行为，对涉案者将依法严惩，构成犯罪的，依法追究刑事责任。

即墨区将举一反三，立即开展拉网式、全覆盖的联合专项清查整治行动，对存在的问题严肃查处、绝不姑息，切实保障人民群众的食品安全。

（案例来源：彭启航《315晚会曝光：养海参整箱放敌敌畏 南方海参冒充北方海参》，中央电视台财经频道官方微博，2020年7月16日；《山东即墨处罚违规使用敌敌畏海参养殖户》，中共青岛市即墨区委宣传部官方微博，2020年7月16日。）

案例评析

一、概念和理论基础

市场机制的充分竞争促进了资源配置的高效率，但市场微观主体逐利的本性也带来一定的局限性。食品安全问题、环境污染问题、垄断高价等问题暴露了市场的缺陷，催生出政府实施公共规制以克服市场失灵的必要性。公共规制在现代社会是政府调控市场经济微观主体行为的重要手段，旨在克服市场缺陷，维护经济社会的健康发展。

规制也称“管制”或“监管”，公共规制是由政府机关运用法律法规、行政及劝告等手段，对微观经济主体的活动进行行政管理和监督的行为。公共规制的主体一般为社会公共机构，客体是市场经济主体（主要是企业）的活动，规制的依据通常是各项法律法规。公共规制包括经济性规制和社会性规制两种。经济性规制主要是在自然垄断和存在信息不对称的领域，对企业的进入和退出、价格、投资、质量等有关行为进行规制，以实现资源的有效配置。经济性规制通常是针对特定行业，例如公用事业、邮政电信、金融业、传媒业、交通运输业等行业的规制。社会性规制是以保障劳动者和消费者的安全、健康、防止灾害、保护环境为目的，对产品和服务的质量及生产过程制定一定的标准，并禁止和限制特定行为的公共规制。它不针对特定行业，而大多针对具体的行为，规制对象较为广泛。

本案例涉及食品安全规制，属于社会性规制的范畴。社会性规制旨在克服由外部效应和信息不对称所引发的市场失灵问题，以实现保护环境、维护公民健康、防止灾害的目的，从根本上增进社会福利。具体来说，社会性规制的目标概括为以下几个方面。（1）限制负外部性活动，促进人与环境和谐共生。人类的经济活动在创造巨额财富的同时，也对外部环境产生了负面影响，资源和环境承受了巨大压力，造成了资源浪费和环境污染，影响了人类的可持续发展。这种状况单靠市场机制无法解决，需要政府出面予以限制。（2）鼓励正外部性活动，推动人类社会全面进步。在市场经济条件下，由于正外部性活动产生的私人收益小于社会收益，从事正外部性活动的经济主体因得不到应有的报酬而失去继续从事该项活动的动力，从而可能使正外部性活动减少，造成社会福利的损失。为此可以依靠政府的社会性规制来激励正外部性活动，克服市场的不足。（3）维护信息劣势方的权益，解决信息不对称问题。市场活动中的交易双方所掌握的信息是不对称的，信息优势一方很容易利用手中的信息优势欺诈瞒骗信息劣势方来获取利益，降低市场运行整体效率。信息不对称容易引发逆向选择和道德风险问题，损害信息劣势方的利益，政府的重要作用之一就是打击欺诈行为，对信息不对称进行规制，维持正常的交易秩序，维护经济当事人的正当权益。①

二、案例分析

近年来，我国各地频频出现食品安全事件，“敌敌畏金华火腿”“大头娃娃奶粉”“苏丹红咸鸭蛋”“三聚氰胺奶粉”“瘦肉精猪肉”“地沟油火锅”“染色馒头”……此次央视又曝光了敌敌畏海参，一系列食品安全问题挑战着消费者的底线，严重影响消费者的安全感和幸福感。《中华人民共和国食品安全法》第十章附则第一百五十条规定：食品安全，指食品无毒、无害，符合应当有的营养要求，对人体健康不造成任何急性、亚急性或者慢性危害。食品安全包括三个层次：食品数量安全、食品质量安全和

① 徐德信，等.公共经济学［M］.合肥：中国科学技术大学出版社，2011：125-173.

食品可持续安全。

食品安全问题涉及国计民生，牵扯老百姓的切身利益，历来是政府规制的重要领域。食品安全规制属于社会性规制。食品安全规制是以消费者的安全、健康、卫生为目的，对食品质量以及生产过程制定一定的标准，并禁止和限制特定行为的公共规制。

政府进行食品安全规制的原因可归结为以下几个方面。

（一）食品市场的信息不对称

食品市场存在着生产经营者和消费者之间的信息不对称。食品生产经营者对食品生产、加工、包装到销售每个环节都了如指掌，而消费者对这些信息并不掌握，也难以知晓食品从生产到销售各环节中食品添加剂、农药、药物使用的剂量及危害程度，只能依据食品的表象和价格做出选择。通常质量好的食品成本高，价格也高，消费者在不完全掌握信息的情况下，只愿意根据预期市场的平均价格支付费用，就会使得质优价高的食品因利润微薄退出市场，市场便充斥着质次价廉的食品，从而出现食品市场的逆向选择问题，造成市场失灵。同时，食品生产经营者还可能利用信息优势降低成本、以次充好、提高售价，或违规添加对人体有不利影响的食品添加剂、农药、药物等，以获取更多利润，导致道德风险问题，损害消费者权益，降低市场运行整体效率，因而需要政府加以规制。

（二）食品安全问题的公共物品属性

食品本身是私人物品，但食品安全问题则属于公共物品范畴，食品安全是“食物中有毒、有害物质对人体健康影响的公共卫生问题”。食品安全关系到老百姓的生命健康，党中央非常重视食品安全问题。习近平总书记在2013年12月23日至24日中央农村工作会议上强调：“能不能在食品安全上给老百姓一个满意的交代，是对我们执政能力的重大考验。”然而我国的现实情况是，有数以亿计的农户、小商小贩以及众多的食品加工企业在从事食品生产加工和销售。在利益的驱动下，少数生产经营者可能会在食品上“做手脚”，做出危害食品安全的事情，以谋取暴利。这就要求政府有责任控制“从农田到餐桌”的全过程，加强对食品的质量检测、市场准入、标准制定、过程监督、违规处罚，构建食品安全网络，全面维护食品安全。

（三）食品安全的外部效应

外部效应（也称外部性）是指某一个体在从事经济活动时，给其他个体造成了消极或积极的影响，却没有承担相应的责任或者没有得到应有的报酬，可分为正外部效应和负外部效应两种。食品安全的正外部效应表现为：优质企业开发生产出了大量质量优良适销对路的食品，不仅满足了广大消费者的消费需求，促进其身体健康，还带动了其他企业仿效生产，促进了整个行业的繁荣。食品安全的负外部效应表现为：某一不法生产者生产假冒伪劣食品，甚至是有毒有害食品，比如三聚氰胺奶粉，使消费者受到伤害。从此消费者对所有国产奶粉都不再信任，转而去买进口洋奶粉，致使那些国内优质奶粉厂家也遭受声誉上的不利影响，销量大幅下降，使整个行业蒙受巨大损失。可以想见，敌敌畏海参曝光后，所有海参生产经营者，包括那些正当经营者，都会遭受销量大幅下滑甚至经营亏损的困境，同时食用敌敌畏海参的消费者身体健康也受到了损害。由此可见，单纯依靠市场机制的自身调节不能使不良商家承担后果并付出应有的代价，也不能使正规厂商得到必要的补偿。因此需要政府对食品安全进行规制，保护消费者和正规厂商的利益，打击不良商家的违法违规行为。山东即墨区政府及时进行的食品安全规制，就是为了维持食品行业的正常交易秩序，确保人民群众餐桌上的安全，保障百姓的身体健康。

三、结论与建议

“民以食为天”，食品安全问题属于公共物品，事关重大，加上信息不对称及外部性问题，迫切需要食品安全规制，以保护消费者的合法权益。

然而我国食品企业众多，还有数不尽的小作坊、小摊贩，执法难度很大。食品安全问题如此之多，根源在于处罚力度不够、违法成本过低。许多生产假冒伪劣食品的不法商贩带着侥幸心理铤而走险，就因为违法所得远高于罚款，即便“运气不好”被抓住，顶多罚几万元、十几万元了事。这些罚款与其谋取的不当利益相比只能算是“九牛一毛”，因制假、售假被移送司法机关的少之又少，这就造成了许多经营者为了巨额私利违规造假，坑害老百姓。因此，需要我们健全制度保障机制，从源头立法上加大对违法者的处罚力度，提高违法成本；加强舆论和媒体监督，吸引多方治理主体参与规制，共同守护我们的食品安全。

（一）健全食品安全规制的制度保障机制

第一，完善食品安全的相关法律体系，加强各项法律法规之间的协调和衔接，做好《中华人民共和国食品安全法》及配套法规的细化工作，以作为有效规制的制度基础。第二，进一步放松市场准入制度，避免因门槛过高、达不到标准的企业无证经营扰乱市场秩序，将规制的重点放在生产、销售等事中事后环节，提高政府在食品安全规制中的效率。第三，完善食品安全规制的奖惩机制。鼓励有奖举报，严格对举报人信息保密，对查证属实的举报，政府机关应予以奖励。加大对食品违法经营者的惩处力度。以美国为例，美国对食品违法违规经营者的处罚力度极大，他们不仅会遭受巨额罚款，甚至会受到监禁，有信用不良记录的食品企业更是会被罚到倾家荡产。鉴于我国食品安全问题屡禁不绝，违法成本过低，我们有必要加大对违规经营者的处罚力度，提高罚款额度，严厉查处有食品安全问题的企业或负责人，将其列入食品安全规制的“黑名单”，限制其以后经营食品企业。第四，建立食品安全信息公开制度。为克服食品市场中的信息不对称问题，保护信息劣势方的权益，建议由政府建立食品安全信息发布平台，普及食品安全知识、维权知识，收集汇总并及时发布各种食品质量安全信息，方便消费者查阅，披露违规经营者名单，以示警示和震慑。

（二）加强舆论监督，积极吸引各方社会力量参与规制

虽然政府机构是食品安全规制的主体，但政府所掌握的信息不完全，且有受到“管制俘获”的可能。若能充分发挥新闻媒体、行业协会及社会公众的舆论监督和协同治理作用，能够收到更好的效果。第一，应鼓励和支持新闻媒体对食品安全问题的监督，借助媒体曝光问题食品和企业，吸引社会公众关注和重视食品安全问题，对问题企业和相关责任人进行震慑，向社会公众进行食品安全教育、普及食品安全知识。第二，充分发挥社会中介组织的作用，加强对食品行业协会的引导和扶持。行业协会能够掌握更多关于食品安全生产的信息，可以为政府规制提供更多的信息参考，配合政府监督食品生产经营者的行为，在政府、企业和消费者之间起到桥梁和纽带作用。为此应促进食品行业协会的发展壮大，加强食品行业协会的自律，树立其公信力和权威性，协助政府顺利开展食品安全规制工作，遏制食品生产经营者的违法违规行为。第三，鼓励消费者对食品安全问题进行举报监督，消费者一旦发现食品安全问题，应立即向规制机构投诉举报，也可以反映给新闻媒体，借助媒体网络予以监督，对不法经营者形成舆论压力，维护消费者的正当权益。

案例讨论

1.试结合案例说明公共规制包括哪些内容？社会性规制的目标有哪些？

2.试用公共经济学的基本原理来分析食品安全规制的必要性。

3.政府应如何加强食品安全规制？

案例 4

房地产税真的要来了

案例描述

近日，财政部、全国人大常委会预算工委、住房和城乡建设部、税务总局负责同志在京主持召开房地产税改革试点工作座谈会，听取部分城市人民政府负责同志及部分专家学者对房地产税改革试点工作的意见，引发社会各界对房地产税试点工作的热议。

接受《证券时报》记者采访的多位专家认为，此次座谈会释放出将先于立法开展房地产税试点的信号，而当下中国已具备房地产税改革试点的需求与条件；未来，房地产税持有环节将成为改革重心，这既契合了“十四五”规划改革方向，又是房地产税体系中的薄弱环节，具备足够的改革空间；建议新一轮房地产税改革在深圳、海南先行先试。

试点料先于立法

自“十三五”规划明确提出要“推进房地产税立法”以来，有关部门每年对房地产税改革工作的表述主要集中在立法层面。但此次座谈会主题不同以往，聚焦在此前有关部门鲜有发声的房地产税试点工作上。

易居研究院智库中心研究总监严跃进向《证券时报》记者指出，2011年国家发改委曾在报告文件中提及“房产税改革试点工作”内容，当年恰好上海和重庆试点房产税。从此类逻辑看，当前提及“改革试点工作”具有很强的风向标意义，即此次会议后房地产税有望在部分城市开展试点。

在房地产税立法工作还需从长计议的当下，房地产税是否有必要先于立法开展试点工作？专家普遍认为，尽管房地产税立法工作难在“十四五”期间落地，但当下中国已进入开展新一轮房地产税试点工作的窗口期。

“当前时点推进房地产税既有必要也有基础。”中国社科院财经战略研究院博士后彭旭辉对记者表示，从调节房地产市场回归居住属性、优化住房资源配置方面看，开征房地产税十分必要，尤其是房地产税对于维护房地产市场的良性稳定发展具有重要作用。另外，我国有庞大的住房存量资源，且开征房地产税的技术手段也已具备，这为房地产税改革提供了基础条件。

北京市房地产法学会副会长兼秘书长、首都经济贸易大学教授赵秀池也认为，在房地产税立法落地前中国应该会开展试点工作。因为在推进立法时，为了避免税法的偏差，往往需要通过先行试点来进行验证并纠偏。房地产税立法涉及的税种多而杂，牵涉面较大，立法所需时间长，更应开展试点。

改革重点在持有环节

目前所称的“房地产税”实际上是一个综合性概念，包含了处于房地产开发建设环节的土地增值税，处于交易环节的契税，处于持有环节的城镇土地使用税和房产税等诸多税种。但不论未来房地产税收领域是否会调整现有税种或新增税种，多位专家都认为，房地产税持有环节将成为改革重点。

此前，财政部部长助理欧文汉在介绍财政部贯彻落实“十四五”规划纲要、加快建立现代财税体制有关情况时表示，要持续优化税制结构，健全地方税、直接税体系，适当提高直接税比重。

持有环节的房地产税作为纳税人直接负担的税收，契合国家在“十四五”时期的税收发力方向。但当前中国税收收入中，房地产持有环节税收收入远低于房地产开发建设环节和交易环节税收。

财政部2020年财政收支情况显示，2020年中国土地和房地产相关税收中，房地产相关税费大多在开发建设和交易环节。处于开发建设环节的土地增值税和交易环节的契税分别为6468亿元、7061亿元。处于持有环节的城镇土地使用税和房产税分别仅有2058亿元、2842亿元。

“房地产税的改革重心应该放在持有环节，这是我国房地产税收体系中目前最为缺乏的部分。”彭旭辉对记者表示，持有环节房地产税的缺失，使得目前的税收体系没有起到调节优化房地产市场的效果，而且目前这种“重交易环节，轻持有环节”的税收体系与国际上的成熟房地产税收体系也不一致。房地产税的改革最终应该服务于房地产市场的稳定健康发展，调节优化住房资源的配置，也能为地方政府提供持续稳定的税源收入。

苏宁金融研究院宏观中心副主任陶金指出，目前在土地相关、开发建设、销售、交易等环节上，都有税种进行一定的覆盖，但对于持有环节尚无明确的税收规定。对持有房产征收房地产税可能是改革的重点和难点。

深圳、海南可先行试点

若要进一步开展房地产税试点工作，试点城市的选择就需慎重考虑。专家预计，新一轮房地产税改革试点应扩大试点范围，可考虑在一些具备实操经验或先行试点优势的大城市试点。

作为“老牌”试点城市，上海、重庆拥有足够的房产税试点经验，理应作为新一轮房地产税改革试点城市。但从当前上海、重庆经济运行情况看，房产税试点的效果并不显著。两地的房价与交易量与其他一线、二线城市数据无明显差异。记者据上海市2020年税收收入统计情况测算，2020年上海房产税的收入仅占税收收入的1.2%。

彭旭辉对记者表示，上海、重庆此前房产税试点效果不佳是由于其税率太低、覆盖面小等，两地应利用原有的经验基础继续强化相关试点工作，提高房地产持有环节的开征税率标准。他还指出，作为先行示范区的深圳以及自由贸易港建设基地的海南这两个地方均是改革开放的最前沿，理应进入房地产税试点范围。尤其是深圳，无论是房价水平还是房价涨幅均居全国前列，且投机风气严重，应该尽快推出并完善房地产税改革试点工作。

严跃进也认同房地产税在深圳和海南先行先试。他认为，深圳作为中国特色社会主义先行示范区，自然需要在一些重点政策上先行试点。进入改革开放新阶段，深圳再一次进行改革，且聚焦房地产税的概率较大。海南作为自由贸易港，相关改革势必加速。且相对一些大城市，海南岛住房问题反而更为简单，推行房地产税相对阻力小。此外，北京作为首都，若是试点房地产税，则有很强的信号意义，且北京具有天然的政策制定和先行试点优势。

在彭旭辉看来，未来随着改革试点的不断推进，可按照房价标准逐步纳入一批试点城市，先从均价过三万的城市开始推广，其次铺开到均价过两万的城市，最后覆盖到均价过一万的城市等等，依次推进到覆盖全国主要城市。

市场影响仍是改革最大难点

尽管此次房地产税改革试点工作座谈会释放出积极信号，但当下房地产税持有环节的薄弱、推进试点后对市场的冲击，以及未来房地产税的立法工作，都表明中国在推进房地产税立法与改革上难点重重。

“征收房地产税最大的难点依然在于对市场的冲击。”陶金对《证券时报》记者表示，若针对持有环节的房地产税全面开征，必将对持有房产群体的买卖和投资都产生系统性影响，最终会对市场产生长远影响。因此在制定相关规定和标准时，原则和实践都要考虑。

在严跃进看来，随着房地产税改革试点工作的推进，势必将影响到一手房和二手房价格。对于一手房价格，若大城市推进房地产税改革，将增加住房持有成本，也会使得一手房认购意愿淡化，进而导致房价下降或涨幅收窄。对于二手房价格，类似改革下房产持有成本将增大，潜在收益会减少，会倒逼一部分房东抛售房产，市场上将有更多流通的二手房，容易压低房价。严跃进还指出，土地价格和租赁价格也将受冲击。若大城市先行试点，客观上会引发房企拿地转移到其他地级市或弱省会城市，叠加大城市购房市场可能同时降温，导致地价下跌。在租赁价格上，随着市场上购房市场热度的减少和存量房源的增加，租赁市场的压力将减少，将使得租金下降。

赵秀池提醒，在推动房地产税立法与改革工作上，应以人民利益为中心，去研究房地产税收体系的安排、税种的构成、包括土地出让金在内的税负水平和合理负担，以及租购并举下房地产税收体系的一系列安排。

（案例来源：贺觉渊《房地产税试点窗口期打开 市场影响成改革难点》,《证券时报》2021年5月21日。）

案例评析

一、概念界定和理论基础

（一）相关概念

房地产税和房产税两个概念是不同的。房产税是以房产为征税对象，按房产余值和租金收入向产权所有人征收的一种财产税，是目前我国正在开征的税种之一。房地产税目前在理论界有三种不同的口径，最大口径是把涉及房地产行业的所有税收都称为房地产税；中口径是包括在房地产流转环节和保有环节缴纳的与房地产相关的税收；小口径是对房产、土地在保有环节征收的一种财产税[①]，大致相当于房产税和城镇土地使用税这两个税种的综合。本书采用小口径房地产税的概念。现有的房产税和城镇土地使用税分别开征于1986年和1988年，征税范围仅限于单位和个人的经

① 楼继伟.深化财税体制改革［M］.北京：人民出版社，2015：190.

营性房地产，对个人住房予以免税。房产税的计税依据是房产原值或租金收入，城镇土地使用税则以占用土地的面积为计税依据。2019年我国房产税收入为2988.43亿元，城镇土地使用税收入为2195.41亿元，两税合计5183.84亿元，占全国税收收入的3.28%。

除了在房地产保有环节征收的房产税和城镇土地使用税之外，在房地产开发建设、交易等环节还涉及土地增值税、契税、耕地占用税、增值税、企业所得税、个人所得税、印花税、城市维护建设税等税种。

（二）房地产税的功能定位

1.为地方政府提供稳定的税收收入

近年来我国税收体系逐渐完善，但地方税制仍不健全，地方政府对土地财政过度依赖，财政收支矛盾十分突出。尤其是伴随着新冠肺炎疫情的暴发，经济下行压力加大，地方政府收入不足的风险加剧。房地产作为不动产，其非流动性、税负直接受益性、透明性等特征使其适合作为地方税的征收对象。并且地方政府可通过房地产税将税收收入与当地公共服务对应起来，通过为本地区居民提供更多更好的公共服务使房地产升值，促进本地税收收入的增长，实现财政收入增长、公共服务改善与居民房地产价值增值的良性循环。另外，房地产税与商品税和所得税相比，由于其计税依据是房地产的评估价值，波动幅度远远低于商品价格和所得收入，税收收入稳定性更强，有利于为地方政府提供长期稳定的收入来源，弥补地方财政收入不足的困境，促进地方财政的可持续发展。

2.调节社会财富分配

2019年我国的基尼系数为0.465，表明我国当前的居民收入差距较大，政府应采取有力措施缩小收入差距。房地产是我国居民财富中最重要的组成部分，随着近年来各地房价的高速上涨，有房者和无房者的收入差距越来越大。房地产税通过对居民财富存量进行调节，房产多、面积大、价值高的人多缴税，反之少缴税或不缴税，有助于缩小贫富差距。房地产税和个人所得税相互配合，可有效发挥对收入和财富分配的调节作用，促进社会公平。

3. 调控房地产市场

伴随着城镇化进程的加快，房地产业对拉动我国经济快速增长做出了重要贡献，不仅推动了国内生产总值的上涨，还带动了就业增长和居民收入增加，引领和带动了上下游产业的繁荣。但房地产业多年的发展也暴露了诸多问题，住房市场供求结构不平衡、房屋空置率高，部分城市房价居高不下，老百姓买不起房的呼声越来越高，影响了民生的改善；房地产业的高投资（投机）回报吸引了大量社会资本涌入这一行业，挤占了其他行业尤其是实体经济发展所需的资源，长此以往有可能造成实体经济发展滞后；由于金融系统中巨额信贷资金投入房地产行业，房地产行业的风险容易诱发金融风险，威胁金融系统的安全。在我国人多地少的现实国情下，房地产税改革有利于推动土地集约利用，优化用地结构；通过增加住房保有成本，引导居民理性购房，减少投机性住房需求，促进房地产市场平稳健康发展。地方政府可利用房地产税改革的契机，减少对房地产市场的过度依赖，引导资源流向其他领域，树立新兴核心产业，促进产业结构优化调整，使地方经济和地方财政步入良性发展的轨道。

二、房地产税改革试点情况

2003年党的十六届三中全会首次提出，“条件具备时对不动产开征统一规范的物业税[①]”。2003年5月起，我国先后在北京、辽宁、江苏、深圳等10个省（市）的32个县开展房地产税批量评估试点，针对单位和个人经营性房地产，尝试采用计算机系统批量评估房地产税税基。2010年将试点范围扩展到全国所有省份。2011年我国在上海和重庆两市分别推出房产税改革试点，对居民个人住房开征房产税。由于两市经济发展水平、人口

① 物业税即房地产税。

数量等条件不同，试点方案存在差异。

征税对象方面，上海市界定为本市居民家庭新购第二套及以上住房和非本市居民家庭新购住房；重庆市界定为个人拥有的独栋商品房、个人新购高档住房以及“三无”（无户籍、无企业、无工作）人员新购的第二套及以上普通住房（2017年修改为“三无”人员新购首套及以上住房）。计税依据方面，重庆市为应税房产交易价格；上海市为应税房产交易价格的70%。税率方面，两市均依据房产价格实行分档税率，上海市实行0.4%和0.6%两档税率；重庆市实行0.5%、1%和1.2%三档税率。免税面积方面，上海市规定本市户籍家庭享受人均60平方米的免税面积；重庆市规定存量独栋住房免税面积为180平方米，新购独栋和高档住房的免税面积为100平方米。税收用途方面，两市房产税收入均用于保障性住房建设。

上海和重庆的试点工作进展顺利，取得了一定成效，为房地产税改革奠定了基础。试点地区探索形成了对个人住房的征管办法和征管机制，积累了对个人纳税人征税的经验，对抑制投机性购房起到了一定的积极作用。但是试点地区房产税改革取得的效果不明显，上海和重庆两个试点地区房地产税的具体效应如下。

1.贡献财政收入方面

从国际上开征房地产税的实践来看，房地产税为地方政府提供了持续稳定的财政收入，很多国家将其作为地方政府的主体税种，其收入占地方财政收入的比重较大。然而从我国的试点情况来看，对比试点地区改革前后房产税收入的相关数据，发现此次房产税改革虽然使两地的房产税收入有一定程度的增加，但增长幅度有限。上海和重庆2011年房产税收入比2010年只分别增加了11.36亿元和6.87亿元，同期房产税收入占税收总收入的比重分别增长0.02%和0.11%。2011年至2019年上海房产税收入占税收总收入的比重一直在2%—3%徘徊，重庆的情况与上海类似，房产税收入占比在2%—4%，详见表4-1。这说明房产税改革对地方财政收入增长的贡献不大，房产税在短期内难以培育成为地方的主体税种。究其原因在于此次房产税改革征税范围偏窄，存量住房和普通住房未纳入征税范围，且免税面积过大、税率偏低，未按房产评估价值计税，限制了税收收入的增长空间。

表 4-1　2010—2019 年沪渝房产税收入及占地方税收总收入比重

年份（年）	房产税收入（亿元）		税收总收入（亿元）		房产税收入/税收总收入（%）	
	上海	重庆	上海	重庆	上海	重庆
2010	62.30	14.02	2707.80	621.56	2.30	2.26
2011	73.66	20.89	3172.72	881.07	2.32	2.37
2012	92.56	27.43	3426.79	970.17	2.70	2.83
2013	93.05	31.40	3797.16	1112.62	2.45	2.82
2014	99.95	40.37	4219.05	1281.83	2.37	3.15
2015	123.81	52.46	4858.16	1450.93	2.55	3.62
2016	170.96	56.88	5625.90	1438.45	3.04	3.95
2017	203.69	64.90	5865.51	1476.33	3.47	4.40
2018	213.84	67.33	6285.04	1603.03	3.40	4.20
2019	216.83	73.15	6216.29	1541.22	3.49	4.75

资料来源：《中国统计年鉴（2011—2020）》。

2. 调节收入和财富分配方面

房地产税对个人住房保有环节征税，收入高的人有能力购买面积大、价值高的住房，对其每年按累进税率征税，可使其税负增加，体现财产多的人多缴税、财产少的人少缴税或不缴税的特点，从而起到缩小贫富差距的作用。房地产税征税对象和税率结构的不同设计，会影响调节收入分配的效果。首先，征税对象设定为存量住房还是增量住房，调节收入分配的效果会有显著不同。如果将存量住房设为征税对象，并配合超额累进税率，可以较好地发挥调节收入分配的作用。如果征税对象侧重于增量住房，则此时房地产税类似于一般商品税，调节收入分配的效果不明显。我国试点地区主要对增量住房课税，征税范围过窄，保护了既得利益者的权益，不符合税收公平原则，调节收入分配的作用不大。其次，免税面积设计不合理。上海市规定本市户籍家庭享受人均60平方米的免税面积，非本市户籍家庭不享受免税面积，加重了非本市居民的生活成本和税收负担，且60平方米免税面积的设计显得过大。重庆市按户计算免税面积，“三无”人员首套普通住宅不享受免税，有违税制公平，也不利于缩小收入差距。最后，相对于增值性很强的房产而言税率偏低，难以起到有效的调节作用。对试点地区实践效果的实证研究也表明，房产税对收入调节方面的作用发挥不明显。①

3.调控房地产市场方面

对比试点地区改革前后房地产市场投资额、销售额以及销售均价情况，发现房地产税改革对房地产市场短期起到了微弱的抑制作用，长期调控作用不存在。②上海房地产市场2012年投资额略有下降，由2011年的1465.52亿元下降至2012年的1451.94亿元，下降了0.9%，此后投资额一直稳步增加，销售额和销售均价则几乎未受房地产税改革的影响。改革同样对重庆房地产市场的影响微弱。国外对房地产保有环节征收财产税的实践也表明，房地产税对房地产价格的调节作用有限，如韩国2005年推出的综合房地产税和日本的固定资产税（2003年停征），对整体房价都没有起到明显的抑制作用。③

三、对房地产税改革的展望

加快推进房地产税改革，是深化财税体制改革、健全地方税制的一

① 詹鹏，李实.我国居民房产税与收入不平等［J］.经济学动态，2015(7)：14-24.

② 危素玉.我国个人住房房产税改革现状及制度优化探析［J］.西部财会，2020(11)：22-27.

③ 楼继伟.深化财税体制改革［M］.北京：人民出版社，2015：192.

项重要内容，对于完善我国财产税体系、培育地方主体税种、调节财富分配、促进土地资源节约集约利用、稳定房地产市场都将起到重要作用。

（一）立法先行分步实施

积极推进房地产税立法，由全国人大确定基本法律框架，具体的征收范围、计税依据和税率等要素可授权给省级政府，由地方政府根据本地区实际情况因地制宜，制定适合本地区的具体方案。因为房地产税作为地方税，地方政府更清楚地了解当地居民的需求偏好和房地产的准确信息，一定程度的自主权可提高财政效率。未来改革的具体思路是，将房产税和城镇土地使用税合并统一征收房地产税，将土地和房产作为统一的征税对象，改革现行房产税以房产原值扣除一定比例为计税依据的做法，改为按房地产评估价值作为计税依据，征税范围要体现公平合理，设计好免税扣除方式，便于民众接受。选取一些房地产市场比较火爆的、有代表性的城市作为试点先行先试，积累税收管理经验，逐步以经济调节手段取代原来的“限购”“限贷”“限价”等行政手段，待试点地区改革成熟之后再扩展到全国。

（二）注重相关税费之间的整合和配套改革

房地产税的立法改革，不应只考虑单一税种、单一环节，而是要做到各个环节、各个税种统筹协调，均衡各个环节的税费负担。通过在房地产保有环节征收房地产税，在适当增加保有环节税收的同时，尽量减轻土地开发建设、交易环节的税费负担，不合理的收费要取消，以便使房地产整体税负维持在合理水平。另外，还应注意房地产税与所得税的协调，避免重复纳税，促进房地产市场的良性健康发展。

（三）加强房地产信息互通共享

我国的税制体系以间接税为主，主要面向企业纳税人征税，对个人纳税人征税还存在一定的困难。对个人拥有的房地产征税要建立在全面掌握个人及家庭房地产信息的基础之上，然而现行房地产的相关信息分散在不同部门，为此要加强住建、公安、市场监管、民政、财政、税务、金融、统计等部门相关信息的互通共享，为房地产市场调控和房地产税的征收管理提供信息保障。

案例讨论

1. 房地产税应该确立怎样的职能定位?
2. 如何处理房地产税和土地出让金的关系?
3. 房地产税为何适宜做地方税?

案例5

平台经济重拳出击反垄断

案例描述

反垄断“大年”

2021年被确立为反垄断“大年”。

2020年12月24日，国家市场监管总局对阿里巴巴实施“二选一”涉嫌垄断行为立案调查。在107天后，2021年4月10日，国家市场监管总局做出行政处罚决定，责令阿里巴巴集团停止滥用市场支配地位行为，并处182.28亿元罚款。这一数额刷新了中国反垄断行政处罚纪录，几乎是此前中国境内反垄断最高罚单的3倍（2015年2月，国家发改委对高通公司的60.88亿元罚款曾创下纪录），相当于阿里巴巴2019年中国境内总销售额4557亿元的4%。4月13日，国家市场监管总局会同中央网信办、税务总局召集34家中国互联网公司召开行政指导会，要求充分发挥阿里案的警示作用，各平台限期一个月全面自检自查、逐项彻底整改。4月26日，总局再次对互联网巨头出手，依法对美团实施“二选一”等涉嫌垄断行为立案调查。

针对平台经济的这场反垄断风暴被认为是中国经济发展中的里程碑式事件。如何约束互联网巨头，如何防止资本无序扩张？这已成为中国经济监管必须要攻克的难题。

中国的互联网平台发展到今天，已经成为连接需求和供给两端的巨大网络，消费者购物、打车、叫外卖、出行购票需要互联网平台。而商家、出租车和网约车司机、餐馆、外卖小哥也要靠平台获得订单。几乎可以说，越来越多的人已经生活在互联网平台上，这些平台开始具备像水、电、网络一样的公共属性。但另一方面，在平台谋求自身商业利益时，生存在平台上的各方往往处于弱势地位，缺乏议价能力。

监管不断加码

自2020年以来，监管层通过多种方式释放出强化反垄断的明确信号。

在2020年12月16日至18日举行的中央经济工作会议上，“强化反垄断和防止资本无序扩张”被确定为2021年要抓好的八大重点任务之一。

2021年3月5日，李克强总理在政府工作报告中论及2021年要重点做好的工作时，再次提到“强化反垄断和防止资本无序扩张，坚决维护公平竞争市场环境”。

在3月13日发布的《中华人民共和国国民经济和社会发展第十四个五年规划和2035年远景目标纲要》中，“反垄断”亦多次出现。第五篇《加快数字化发展 建设数字中国》中提到“依法依规加强互联网平台经济监管，明确平台企业定位和监管规则，完善垄断认定法律规范，打击垄断和不正当竞争行为”；第六篇《全面深化改革 构建高水平社会主义市场经济体制》里还专门设置了《强化竞争政策基础地位》一节，提出“坚持鼓励竞争、反对垄断，完善竞争政策框架，构建覆盖事前、事中、事后全环节的竞争政策实施机制”，并再次提及“加大反垄断和反不正当竞争执法司法力度，防止资本无序扩张”。

在3月15日召开的中央财经委员会第九次会议上，习近平总书记强调，我国平台经济发展正处在关键时期，要着眼长远、兼顾当前，补齐短板、强化弱项，营造创新环境，解决突出矛盾和问题，推动平台经济规范健康持续发展。

4月22日，全国市场监管系统反垄断工作会议将2020年定义为“反垄断工作具有标志性意义的一年”。会议明确，2021年是“十四五”开局之年，也是反垄断工作“大年”。

在不断释放和强化信号的同时，监管层也在加快完善反垄断执法工具。

2020年1月，国家市场监管总局公布《〈反垄断法〉修订草案（公开征求意见稿）》，这是《反垄断法》实施10多年来的首次修订，互联网领域被纳入。

去年“双11”前夕，国家市场监管总局发布《关于平台经济领域的反垄断指南（征求意见稿）》。今年2月，《国务院反垄断委员会关于平台经济领域的反垄断指南》（下称《平台经济反垄断指南》）发布。

反垄断重拳出击“二选一”

从“二选一”开始

资深电商从业者张夏介绍，阿里此前限制商家在其他渠道销售有很多方式：第一种是只能在天猫或淘宝卖，不能在京东或拼多多卖，即最绝对的“二选一”；第二种是可以在其他平台卖，但在天猫或淘宝必须是最便宜的价格；第三种是在天猫和淘宝可以做活动，促销、参加满减，但在其他平台不允许，也不能有品牌曝光和资源位；第四种是如果有新产品发售，必须要在天猫或淘宝首发。

“处罚方式比较简单，如果违反就降权，搜索的时候被排到后面。阿里对自己的优势品类，比如服装鞋包、美妆，限制会强一些。”张夏说，“商家对这些限制很头疼。如果是代理其他品牌的中间商，为规避这种限制，在淘宝、天猫之外的平台开店时可能会换公司、换名字。但如果是品牌自己的旗舰店，就很难规避。”

“4·13”行政指导会对“二选一”的批评尤其激烈——“强迫实施‘二选一’问题尤为突出，是平台经济领域资本任性、无序扩张的突出反映，是对市场竞争秩序的公然践踏和破坏。强迫实施‘二选一’行为限制市场竞争，遏制创新发展，损害平台内经营者和消费者利益，危害极大，必须坚决根治。”在会议对互联网平台企业提出的明确要求里包括：不得滥用优势地位强迫商家站队“二选一”，对平台内经营者的选择平台行为实施不合理限制或附加不合理条件。

商家对平台议价能力不足仍有待破解

禁止互联网平台企业对商家实施“二选一”，并不能从根本上解决商家面对平台议价能力偏弱的问题。餐饮小老板张永胜和妻子在西部某城市加盟了一个餐饮品牌，主营梅干菜扣肉、芹菜豆腐、小炒黄牛肉之类的家常菜，店铺位置偏僻，主要靠美团获得外卖订单。“现在是新店开业，美团要求必须搞活动，一份辣子鸡在美团上标价33.8元，顾客每单优惠10元，我出8元，美团2元。还要出配送费之类的，到我手里只有16元左右。”张永胜说，“不做活动，就不能上美团。”美团先抽22%佣金，月底返还2%，实际抽成20%。当被问及和平台的议价情况，张永胜回答：“佣金一般谈不下。不给点的话，美团不给你派单。”

“大数据杀熟”背后的数据垄断

连充两年京东PLUS会员的米乐，前几天发现自己可能遭遇到了传说中的“大数据杀熟”——同款尿不湿和沁州黄小米，并不是PLUS会员的妻子买起来更便宜。

国务院反垄断委员会办公室负责同志答记者问时，称《平台经济反垄断指南》明确了“大数据杀熟”可能构成滥用市场支配地位差别待遇行为，并这样解释“大数据杀熟”：社会公众对互联网平台利用大数据和算法对用户进行“画像”分析，从而收取不同价格等行为的概括性说法。

在数字化时代，平台企业采集了消费者的历史交易、浏览偏好、身处位置等各方面数据，并通过算法识别出消费愿望更强烈、消费意愿更坚定的消费者，如果没有有效约束，“杀熟”可能会成为寻求商业利益最大化的自然选择。而且，互联网交易太便捷，只需要点击下手机，消费者不易察觉自己被“杀熟”，更不用说保存相关证据。这也给反垄断带来新的难题。

破解“大数据杀熟”，可能需要个人信息保护与反垄断监管形成合力。

“掐尖并购”背后的资本扩张

巨头资本“派系”

在过去几年里，腾讯和阿里巴巴通过股权投资，逐步建立起各自庞大的“生态圈”，外界也经常以“腾讯系”“阿里系”来称呼被投资的公司。

如果取苹果应用商店中国区免费APP排行榜前30名（2021年5月9日数据）来观察，有18款都与腾讯或阿里存在直接或间接资本联系，比例超50%，足见这两大巨头对中国移动互联网的影响力。现在巨头的资本触角已经伸到了线下。中国快递业的“三通一达”（中通、圆通、申通、韵达），再加上百世快递，都接受了阿里巴巴的投资。

在中国连锁经营协会发布的2019年中国超市百强榜里，前十名中多家与腾讯、阿里巴巴存在直接或间接资本联系——第二名的大润发（阿里巴巴及关联公司持有大润发品牌拥有者高鑫零售72%的权益）、第三名的永辉超市（京东和腾讯入股，腾讯为京东第一大股东）、第五名的联华超市（阿里巴巴入股）、第六名的盒马鲜生（阿里巴巴旗下）、第八名的家乐福[苏宁易购收购家乐福中国80%股权，淘宝（中国）软件有限公司为苏宁易购第二大流通股东]、第十名的步步高（腾讯和京东入股）。前十超市的销售额占百强总销售额的59.3%。

根据公开报道，在消费领域，红极一时的喜茶和名创优品接受了腾讯的投资，在火热的新能源汽车领域，蔚来和小鹏分别接受了腾讯和阿里的投资。

规范巨头资本

在“4·13”行政指导会上，“掐尖并购”也被列为必须严肃整治的问题。此前，监管层也已经不断释放规范互联网巨头资本动作的信号。

2020年12月14日，国家市场监管总局宣布，根据《反垄断法》规定，对阿里巴巴投资有限公司收购银泰商业（集团）有限公司股权、阅文集团收购新丽传媒控股有限公司股权、深圳市丰巢网络技术有限公司收购中邮智递科技有限公司股权等3起未依法申报违法实施经营者集中案进行了调查，并依据《反垄断法》第48条、第49条作出处罚决定，对阿里巴巴投资有限公司、阅文集团和深圳市丰巢网络技术有限公司分别处以50万元人民币罚款的行政处罚。

《中华人民共和国国民经济和社会发展第十四个五年规划和2035年远景目标纲要》中论及“强化竞争政策基础地位”的一段表述值得注意：“坚持鼓励竞争、反对垄断，完善竞争政策框架，构建覆盖事前、事中、事后全环节的竞争政策实施机制。统筹做好增量审查与存量清理，强化公平竞争审查制度的刚性约束，完善公平竞争审查细则，持续清理废除妨碍全国统一市场和公平竞争的规定及做法。”

互联网巨头全球监管风暴

“他们有太多权力！”美国反托拉斯小组委员会主席戴维·西西里斯在2020年7月29日的一场听证会上说，“这些公司中，任何一个公司采取任何单一行动，都可以深刻而持久地影响我们亿万人民。”应对这场听证会的是全球四大互联网巨头：亚马逊的贝索斯、苹果的库克、谷歌的皮柴和脸书的扎克伯格。

2020年10月，美国司法部宣布对谷歌公司发起反垄断诉讼，指控其在互联网搜索和搜索广告市场采取非法垄断行为以维持市场主导地位。美国司法部在起诉书中称，谷歌每年向苹果和美国电话电报公司等企业支付数十亿美元，以确保其在全球数十亿电子设备中被设置为默认搜索引擎。

欧盟和其他一些国家也在加强对互联网巨头的反垄断监管。

2020年11月，欧盟认定亚马逊违反欧盟反垄断法，利用卖家数据为其自营业务牟利。欧盟委员会的调查发现，通过集纳和分析大量卖家数据（如订单数量、卖家收入、卖家报价的点击量等），亚马逊自营业务可以“跟卖”平台最畅销的商品，或者比照卖家数据优化商品定价。

2021年4月，俄罗斯联邦反垄断局对苹果开出9.06亿卢布（约合1200万美元）的罚单，原因是苹果滥用其在手机应用软件市场中的主导地位。

“随着信息技术的迅速发展和互联网技术的深度应用，平台和数字经济领域的垄断问题正日益成为各法域反垄断关注的重点。”对外经济贸易大学法学院教授、国务院反垄断委员会专家咨询组成员黄勇，于2021年4月30日在十三届全国人大常委会专题讲座上介绍世界各国的互联网平台经济反垄断趋势：美国、英国、澳大利亚等国家和地区先后发布了平台经济市场竞争评估报告；德国为应对平台经济领域的垄断行为，多次修改其《反限制竞争法》相关条款。

面对反垄断监管“紧箍咒”，互联网巨头纷纷表态。

2021年4月10日，即收到国家市场监管总局行政处罚决定书的当天，阿里巴巴通过官方微博回应称“诚恳接受，坚决服从”，并承诺“将强化依法经营，进一步加强合规体系建设，立足创新发展，更好履行社会责任”。

在“4·13”行政指导会召开后，一周内，参会的34家企业全部发布依法合规经营承诺书。

（案例来源：姚坤《反垄断亮剑 互联网巨头遭遇监管“紧箍咒”》，《中国经济周刊》2021年第9期。）

案例评析

一、理论基础

此案例涉及市场领域的垄断行为。垄断是市场经济发展到一定阶段而必然出现的产物，是与竞争相对应的一种经济现象。垄断也称为“独占”，是指由一个厂商或几个厂商控制某一个行业的生产或销售。

（一）垄断产生的原因

究竟是什么原因造成了垄断现象呢？垄断形成的基本原因在于存在进入行业或市场的障碍。原有的企业具有行业内的先天优势，后来新兴的企业因为资金规模、技术、关键投入、政策、信息等原因被挡在门槛外难以进入该行业，使行业内仅有的少数厂商成为垄断者。具体的原因分析如下。

一是厂商控制了某种关键资源而形成的垄断。这里的资源既可以是自然资源，也可以是技术资源和信息资源。由于资源的天赋属性赋予某种产品独一无二的特性，使其他厂商望尘莫及，如龙井茶、中宁枸杞、五常大米、库尔勒香梨、安溪铁观音等产品，品质好，市场上供给不足，消费者愿意花高价购买，资源所有者可由此拥有独占市场的权力。对特有资源和技术的控制都是如此，如本案例中提到的互联网平台企业，是基于对海量用户数据的控制和算法优势而形成的垄断地位。他们拥有了用户数据这个在当今数字经济时代特有的优势资源，再加上算法优势，使他们得以不断巩固和扩大在平台领域的垄断地位，为其他竞争者制造进入障碍。

二是规模报酬递增形成的垄断。一些行业由于规模经济的存在会发生规模报酬递增现象，例如自来水、煤气、电力、电信、铁路运输等行业。这些行业初始投资量巨大，随着产量和规模的扩大，平均成本持续下降，产量越大，成本越低，利润越高，从而由一家或几家厂商来提供产品和服务，比由多家厂商共同经营效率更高，这些行业便容易形成垄断。一方面，行业内原有厂商会利用先发优势将生产规模扩大到能独占市场的程度，阻止后来者进入；另一方面，新厂商试图进入该行业时将面临巨大的初始成本，并和原有厂商进行地位悬殊的竞争，这些都成为新厂商的进入障碍。

三是政府行为造成的垄断。为了限制某些行业或领域的竞争，政府会颁布行政命令或实施管制措施，包括进入规制、专利、版权、关税与配额等，从而形成了垄断。政府实施垄断可能基于公共利益，也可能基于地区利益、部门利益甚至个人利益。基于公共利益的典型例子是政府对专利和版权的保护，当一项产品获得专利时，政府赋予这种产品在专利期内排他性生产和销售的权利。版权的保护使作者拥有印刷和出售其著作的独家垄断权，并能收获版税收入，这些都成为政府鼓励创新的有力举措。政府有时也会基于地区、部门或个人利益而对某些产品的生产或销售采取排他性措施，例如2020年多地政府发放了消费券来应对新冠肺炎疫情，各地方政府所采用的发放平台带有鲜明的地方特色，北京用京东平台，杭州用支付宝平台，深圳用微信平台，从而造成行政性垄断。

四是通过实施垄断策略而形成的垄断。企业可通过实施各种排斥竞争者的策略实现垄断，如当新企业进入时，原有企业制定大大低于新企业产品价格的掠夺性定价，当新企业被迫退出后再抬高价格；建立超过当前生产需要的多余的生产能力，使潜在的竞争者不敢进入该行业；企业之间围绕产品价格、产量、销售市场等方面达成协议，相互勾结共同控制市场；通过一个地区设立一个销售商的方式，形成独家代理或销售；以威胁或暴力手段获得垄断地位；等等。网约车排名第一的滴滴平台，即是通过实施垄断策略来建立和维持垄断。滴滴最初起家时靠不断地“烧钱”，即给予用户补贴，扩充用户数量；给司机补贴，激励司机用滴滴接单，以此方式占据了打车软件市场份额的近60%。随后在2015年滴滴与快的合并，使市场份额超过90%。2016年滴滴出行与Uber中国业务合并，滴滴投资10亿美元在Uber。2020年滴滴又推出花小猪打车，利用市场支配地位，不断打价格战。

滴滴利用垄断地位，通过抽成、“二选一”对司机进行不合理的限制、打压。滴滴的垄断之路，就是一边拉拢用户，一边打压其他出行平台，最终做到一家独大，而垄断和侵犯隐私等严峻问题最后招致其APP被全面下架。

（二）垄断的分类

对垄断进行分类，有利于政府依据不同的垄断类型采取不同的规制手段。根据垄断形成的原因不同，可将垄断大体分为三类。

1. 自然垄断

由于规模经济的存在，使一个行业只有一个厂商供给全部市场时，平均成本最低，最有效率，这种垄断就是自然垄断。自然垄断的形成，不是政府行为造成的人为结果，而是市场竞争带来的自然结果。这种垄断在铁路、邮政、水电、电信、航空等服务性领域广泛存在。自然垄断行业一般具有两个基本特征：规模经济效应显著、需要大量初始资本。在自然垄断行业中，由一家厂商垄断经营比由多家厂商竞争生产效率更高。

2. 行政垄断

行政垄断是指政府职能部门利用权力获取产业的独占地位或搞地区封锁，让消费者买其指定的商品。这种垄断的实质是通过行政权力来限制竞争。行政垄断有合法和非法之分，合法的行政垄断是政府权力被正常、合法地运用，如专利权和版权的特许垄断；非法的行政垄断则是行政权力的滥用，滋生地区封锁、地方保护主义，此种垄断会导致不公平竞争。

3. 经济性垄断

经济性垄断是指具有经济优势的经营者或经营者的联合体为了获得垄断利润而滥用其经济优势或市场支配地位而采取的排除和限制竞争的行为。经济性垄断的基础是垄断厂商具有相当的经济优势，包括绝对优势或相对优势，前者如一个厂商或极少数厂商控制了某一产品供应的绝大部分；后者如厂商利用竞争对手的弱势迫使其接受自己限制竞争的条件；等等。经济性垄断的表现包括滥用市场支配地位的行为，即低价倾销、搭售、价格歧视等，以及协议限制竞争行为，即协议定价、划分市场、串通投标、联合抵制交易等。案例中提及的互联网平台涉及经济性垄断行为。

（三）垄断的危害

竞争有利于合理配置资源，是市场经济的内在动力。在市场经济中，“独立的商品生产者互相对立，他们不承认任何别的权威，只承认竞争的权威，只承认他们互相利益的压力加在他们身上的强制”①。垄断妨碍了竞争，影响了市场经济的公平与效率。但垄断也并非一无是处，适度的垄断有利于避免行业内的恶性竞争，实现规模经济，有利于企业做大做强，提升国际竞争能力，更有实力进行研究和开发。总体来说，垄断既有利也有弊，垄断的危害主要有以下几个方面。

1. 垄断降低资源配置效率

垄断厂商面临的产品需求弹性较小，从而有能力通过限制产量提高价格的手段来获取更多的垄断利润。同时它面临的竞争压力小，仅仅凭借垄断地位就可以轻松获得垄断利润，而导致其缺乏创新动力，管理松懈，产品质量难以提高。垄断厂商限产提价可能招致两个后果，一是如果垄断厂商的生产效率很高，限产的结果是本该应用于垄断行业的资源被用到了其他行业，垄断行业的产品过少，而其他行业产品可能过多。如果垄断厂商的生产效率很低，垄断行业会占用过多的经济资源，其他行业可用资源减少，同样导致资源配置效率低下。二是垄断厂商限产提价致使产品销售价格高于竞争市场的均衡价格，使市场相对价格体系扭曲，向市场发放错误的资源配置信号，导致资源配置效率降低。

2. 垄断妨碍公平交易与公平竞争

垄断厂商与交易对方强弱力量不对等，垄断厂商会利用自身的优势地

① 中共中央马克思恩格斯列宁斯大林著作编译局. 马克思恩格斯文集：第5卷［M］. 北京：人民出版社，2009：412.

位对交易对方实施不公平交易行为，如压低进货价格、提高销售价格、把各种霸王条款强行施加给对方、违约服务、缺斤少两等。垄断厂商与竞争对手还会进行不公平竞争，如互联网平台在其自营产品与第三方产品进行竞争时会优先向用户推荐自营产品，在各个方面优先照顾自营产品。市场一旦缺乏公平交易和公平竞争，对于垄断者而言，势必会影响其生产效率的提高和进行技术创新的动力，从而对技术进步和产业升级产生不利影响。

3. 垄断造成社会福利损失和收入差距扩大

垄断条件下，垄断厂商通过限产提价使消费者购买产品时要比竞争条件下支付更高的价格，超额支付的部分流入垄断厂商手里，造成消费者的损失。而且产品的需求弹性越小，产品价格越高，消费者承受的损失越大。根据西方经济学的相关原理，消费者剩余一部分转由垄断者获得，还有一部分消费者剩余垄断者和消费者均未得到，形成了社会福利的净损失，体现为垄断所造成的社会成本。

垄断厂商所获得的高额垄断利润的一部分会转化为员工的高工资和高福利，从而扩大了垄断行业和竞争性行业的收入分配差距，加剧社会分配不公，影响社会稳定。

4. 垄断容易引发寻租和腐败行为

寻租是政府失灵的典型表现之一，是指一些人通过合法或非法手段进行游说、行贿等行为，以谋求高额垄断利润的非生产性活动。寻租活动产生的前提是政府权力对市场交易活动的介入，其实质是权钱交易。一些厂商为了获得或维持垄断地位以获取垄断租金，会通过游说或行贿政府官员为其争取特殊政策，这种寻租活动通常和垄断相关联，并会滋生腐败行为。用于寻租的经济资源对社会来说是一种无谓的损失和浪费，降低了社会的福利水平，减少了生产性活动所需的资源投入。一些政府官员为了谋取经济利益，利用行政权力进行“设置租金”的创租活动，引诱厂商向他们“进贡”，其结果导致腐败行为蔓延。

（四）对垄断行为的政府管制

管制（regulation）也称规制，在实际部门习惯使用“监管”一词，是指由政府机关运用法律法规、行政及劝告等手段，对微观经济主体的活动进行行政管理和监督的行为。管制的主体一般为社会公共机构，客体是市场经济主体（主要是企业）的活动，管制的依据通常是各项法律法规。

1. 对自然垄断的管制

自然垄断行业虽然可以实现规模经济，但是自然垄断厂商由于不担心其他厂商的进入和竞争，可能会限制产量、提高价格，损害经济效率和社会福利，因而也需要对自然垄断进行政府管制。管制手段主要包括进入管制和价格管制两种。进入管制，即在自然垄断行业中，政府对申请进入行业的厂商进行资格审查，发放许可证，严格控制行业内的厂商数量以避免恶性竞争。价格管制，即政府从资源有效配置出发，确定自然垄断厂商产品或服务的价格水平和价格体系，防止自然垄断行业产品价格过高、产量过低，既要保护消费者利益，也要鼓励垄断厂商获得合理的投资回报，促进厂商提高效率。

2. 对行政垄断的管制

行政垄断具有双重性，依据垄断的结果可将行政垄断分为合理的行政垄断和不合理的行政垄断。合理与否的判定标准是：垄断能否提高市场绩效、能否促进社会福利。因而对知识产权的保护、某些自然垄断领域的进入限制、某些特殊产品（如烟草）的进入限制等被认为是合理和必要的行政垄断。发达国家的行政垄断往往具有临时性的特点，即在特殊时期为解决特殊问题而采取的对市场竞争的限制。20世纪80年代之后，发达国家纷纷对行政垄断进行了改革，放松对自然垄断行业和公用事业领域的进入管制，鼓励这些行业引入竞争。一些国家运用反垄断法来限制行政垄断。体制转轨国家行政垄断普遍存在，并且存在一些非必要的甚至是非法的行政垄断，这些国家正在通过立法手段限制行政垄断，反对滥用行政权力限制竞争行为。

3. 对经济性垄断的管制

对经济性垄断的管制是各国反垄断法的重点。各国反垄断立法主要关注三个方面的垄断行为并加以管制，一是对垄断协议的管制，凡涉及限定产品的价格、限制生产数量或销售数量、瓜分销售市场的行为，都被认为严重限制竞争、损害消费者利益，因而是违法行为，应被禁止。二是对滥用市场支配地位的管制，这里分为结构主义管制方法和行为主义管制方法。前者认为只要企业拥有市场支配地位，即说明市场结构是集中性的，需要采取拆分企业的手段维护市场的竞争状态；后者所要管制的是企业滥用市场支配地位的行为，而不禁止市场支配地位本身。滥用市场支配地位的行为，无论是对顾客和供应商的“剥削性滥用”（如“大数据杀熟”），还是排斥竞争对手的“排斥性滥用”（如“二选一”），本质上都是反竞争的行为。对于市场支配地位的认定，欧盟法院一般以一个企业占有40%以上的市场份额为认定标准。如今大多数国家反垄断法主要采用行为主义管制方法，即明确将滥用市场支配地位的行为作为管制对象。三是对企业合并的管制。20世纪80年代以后，美国对企业合并的控制政策逐渐由严厉转向宽容，对垄断性合并的认定及决定是否有必要干预，首先要考虑合并对市场集中度的影响，同时也要考虑合并所带来的效益等其他因素，综合做出决定。对于横向合并和非横向合并（指垂直合并和混合合并）采取不同的处理方法，仅将横向合并作为控制政策的核心，非横向合并原则上应予以支持。

二、平台经济及其特征

当今世界呈现出信息化、数字化的趋势，数字技术的发展催生了平台经济（Platform Economics）。平台经济作为一种新经济形态，如雨后春笋般迅速扩张开来，出现了诸如电商平台、社交媒体平台、搜索平台、视频平台等，涵盖了消费、社交、娱乐等多个领域。平台经济是一种基于数字技术，由数据驱动、平台支撑、网络协同的经济活动单元所构成的新经济系统，是基于数字平台的各种经济关系的总称。[①]平台经济依托于互联网技术，为市场交易者提供虚拟的交易场所，在虚拟空间连接生产者和消费者并促使他们达成交易，降低交易成本，从中收取适当的费用或差价。有些平台也兼做经营者，在平台内为用户提供商品或服务。从表现形式上看，它通常以企业的形式出现，从而兼具市场和企业的双重属性。平台经济活动的主体不单是传统意义上的买方和卖方，而是包括平台、平台内经营者、消费者以及第三方小程序开发商、运营商等在内的多方主体。[②]平台不仅是买卖双方的中介，也是满足多方用户需求的供给者。

与传统经济相比，平台经济具有以下新的特征和优势。

（一）呈现规模经济效应

传统经济由于受资源和环境的制约，所产生的规模经济效应较小；平台经济的运营则可以打破时空、区域、资源等条件的约束，大大降低各方的通信成本，支持大规模协作的形成，创造出远大于传统经济的规模经济效应。平台企业利用数据优势形成庞大的用户群，且新增一个用户的边际成本趋近于零，对后发企业形成进入障碍。

（二）呈现交叉网络外部性特征

互联网平台拥有数量巨大的买者和卖者，加入平台的买方数量越多，则卖者加入该平台所获取的潜在收益就越高；反之，加入平台的卖方数量越多，则买者的潜在收益也越高。这种正向反馈可以吸引越来越多的用户，实现规模扩张。基于这种交叉网络外部性特征，平台可以对双边市场用户实行非对称定价，即对价格需求弹性较大的一方用户实行低价甚至免

---

① 赵昌文. 高度重视平台经济健康发展［N］. 学习时报，2019-08-14.

② 陈兵. 互联网平台经济运行的规制基调［J］. 中国特色社会主义研究，2018（3）：51-60.

费的定价策略，以吸引更多用户，而对价格需求弹性较小的一方用户制定较高的价格和收费标准。[①]

（三）具有较强的用户黏性

用户黏性是指由于用户使用习惯和转换成本的存在，用户更熟悉早期进入市场的产品，并对平台所提供的产品或服务形成一定的依赖。用户黏性包括内容黏性、功能黏性、社交网络黏性等。内容型平台凭借其特有的服务内容可以满足用户某方面的需求偏好，从而吸引用户重复、长时间地使用该平台，此为内容黏性，诸如新闻类平台提供的信息服务、网络游戏类平台提供的游戏服务等。功能型平台可以为用户提供特定的功能，满足用户某类需求，从而让客户对其产生依赖，此为功能黏性，比如滴滴打车软件为用户打车出行提供服务，美团外卖软件为用户提供外卖送货上门服务等。社交网络平台为用户提供即时通信和在线沟通服务，满足用户社交需求，可由此产生社交网络黏性，比如腾讯开发的QQ、微信等软件方便了人们的即时沟通交流。用户黏性提高了平台的市场占有率，为平台巩固和扩大市场影响力产生了积极影响。[②]

（四）实现跨界融合发展

平台企业凭借数据资源、信息资源、客户资源的优势，打破原有的产业边界，通过向用户提供新的产品和服务，打开新市场，实现跨界融合发展，形成“强者恒强”“赢者通吃”的局面。如阿里巴巴以淘宝和天猫两个电商平台为基础，渗透到包括支付、仓储物流、金融、生产性服务、网约车、社区团购等生产和消费领域，形成庞大的垄断集团。中国互联网已出现四大派系：腾讯系、阿里系、百度系和头条系。四大派系均实现了跨界兼并重组、多种业态融合发展的格局。

---

① 姜琪，王璐.平台经济市场结构决定因素、最优形式与规制启示［J］.上海经济研究，2019(11)：18-29.

② 姜琪，王璐.平台经济市场结构决定因素、最优形式与规制启示［J］.上海经济研究，2019(11)：18-29.

中国的平台经济得益于庞大的人口规模、丰富的劳动力资源、健全的基础设施、完备的制造业基础而呈现出中国优势。

首先，庞大的人口规模贡献了海量的用户群体。在“流量为王”的数字经济时代，拥有海量的用户是平台经济获取高额利润的关键。根据中国互联网络信息中心（CNNIC）发布的第47次《中国互联网络发展状况统计报告》，截至2020年12月20日，中国互联网用户数量达到9.89亿，互联网普及率70.4%；网购用户7.82亿；短视频用户有8.73亿，中国网民的快速增长造就了许多互联网巨头。另据工信部数据显示，2018年我国手机用户总数达15.7亿，截至2019年4月底，手机上网用户规模达12.9亿户，对移动电话用户的渗透率为81.1%。其次，中国丰富的劳动力资源推动了物流快递业务的发展，为平台经济的壮大提供了强有力的支撑。国家邮政局公布的数据显示，2019年快递业从业人员超过300万，新增社会就业20万人以上；2020年全国规模以上快递企业完成业务量达833.58亿件，同比增长31.2%，累计实现收入8795.4亿元，同比增长17.3%。再次，完善的交通、通信等基础设施遍布城市乡村，使电商平台、直播平台等在广大农村地区同样可以大行其道，共同助力平台经济的发展。

三、平台经济的垄断问题

（一）平台经济垄断问题的表现

1. 滥用市场势力

平台一般兼具平台和平台内经营者双重身份，它既要与其他平台竞争，也要与平台内其他经营者竞争。在平台内部竞争中，平台会利用自身的支配地位，将自营产品和第三方产品区别对待。在产品搜索排序、流量引导、广告促销等方面给自营产品更多优待，从而与平台内第三方经营者处于不平等竞争的地位，比如亚马逊、京东、谷歌、阿里巴巴等平台都有这个问题，妨碍了平台内市场的竞争，损害了消费者福利，降低了市场效率。

2. 双轮垄断

双轮垄断是指平台利用数据和算法的优势，通过杠杆效应将平台的垄断地位拓展到其他领域，之后在多个新领域形成第二轮垄断的现象。翟巍将双轮垄断细化为由轴心型市场的初始垄断和外围市场的第二轮垄断组成。[①]在平台经济中，巨大的流量提供了源源不断的数据供给，促进了算法精确度的提升，从而进一步对平台用户进行精准定位，不断放大和强化平台的网络效应，使市场要素不断向优势平台积聚。这些少数优势平台可以获得绝对的竞争优势，长期占据市场的垄断地位。由于转换成本和用户黏性的存在，平台可以对用户形成锁定效应，使平台形成“先发优势”。这些锁定的用户为平台巩固并壮大市场、获取巨额利润奠定了基础，率先建立用户基础的平台获得更多市场份额，赢者通吃。平台的数据、算法的优势加上海量的用户群，使平台可以以边际成本几乎为零的超低代价将其垄断优势传导到新市场领域，并迅速提升其在新领域的市场地位，形成双轮垄断。[②]

（二）平台经济垄断问题的负面影响

1. 抑制企业创新

创新是数字经济最显著的特征之一，也是促进数字经济飞速发展的重要推动力量。大型平台企业基于数据和算法的优势，吸引优质资源向头部优势平台积聚，使其他企业很难获得用于创新的资源。尤其是作为平台企业核心资产的数据，往往被大型平台企业所垄断，他们通过设置数据壁垒巩固和强化自身的垄断地位，限制其他企业有效获取数据进行创新研发，

① 翟巍. 超大型数字平台企业双轮垄断的规制范式［J］. 财经法学，2021(1)：18-31.

② 陈兵，林思宇. 互联网平台垄断治理机制：基于平台双轮垄断发生机理的考察［J］. 中国流通经济，2021，35(6)：37-51.

削弱了数字技术的创新。同时，大型平台企业还会运用“杀手式并购”抑制潜在的有效创新，即居于垄断地位的平台企业为了扼杀未来的竞争对手而对新创企业进行收购，并在收购之后终止该企业的创新研发项目，将创新扼杀在摇篮中。另外，由于平台企业凭借垄断地位可以轻松获取高额垄断利润，从而可能会忽视自身的创新研发活动。

2. 破坏竞争秩序

大型平台由于具有规模经济、交叉网络外部性特征和较强的用户黏性，集中了数据、算法、资本等大量优质资源，使其与其他竞争者相比市场力量对比悬殊，小规模竞争者根本难以对大型平台企业发起有效的竞争。而且原有的大型平台占据先发优势，可以大幅度降低价格吸引用户，对新创企业构成较高的市场壁垒，阻止新企业进入市场。而新企业用户数量少，又缺乏数据和资本的支持，即便进入市场也很容易被淘汰。更有甚者，一些电子商务平台强制经营者“二选一”，以不合理的商业手段打压竞争对手，破坏市场价值秩序，损害社会福利。

3. 损害用户利益

平台用户包括消费者和其他经营者两方，平台的垄断行为对消费者和其他经营者的利益都会造成侵害。

首先，对于平台的消费者来说，其受到的利益损害主要集中在两个方面：一是隐私安全受到威胁。用户在最初使用平台时需要注册账户，提供自己的各种身份信息，而平台存在的数据安全隐患或管理不善等行为很容易造成用户信息泄露，从而使用户隐私安全受到威胁。已有多起案件证实了用户信息遭泄露和窃取的问题，消费者每天接听到大量的骚扰电话便是证明。二是平台利用用户信息实行“差别定价”，对消费者进行“数据剥削”。平台可运用大数据，利用算法的优势掌握消费者的消费偏好和收入等信息，对消费者进行有针对性的内容推荐来扩大商品销售。通过对不同收入和偏好的消费者实施“差别定价”，即所谓的“大数据杀熟”，使消费者遭受剥削，最大限度地剥夺消费者剩余。而处于劣势地位的消费者由于转换成本和锁定效应，即便对平台的“差别定价”行为不满，也难以改变现状。

其次，对于平台的其他经营者来说，平台企业在商品搜索、推荐等方面会利用平台的优势地位照顾和优待自营商品，从而对其他经营者构成不公平竞争，如某些平台强制商家“二选一”，迫使商家失去更多的交易机会，造成利益受损。

四、完善对平台垄断的监管

平台经济的快速发展在推动商业模式创新、满足消费者个性化的消费需求、提升交易效率、扩大内需等方面发挥了重要作用，但同时也要防范企业规模过大和不正当竞争行为。为此应采取切实有效的措施，加强对互联网平台垄断行为的监管，促进平台类大型科技企业的可持续发展，维护健康的市场环境。

（一）审慎处理反垄断与创新的关系，区分具体情况适度监管

对于平台经济、数字经济的监管一定要谨慎处理。平台企业在初创时期，规模小、利润低、风险高，必须要迅速扩大自己的用户量并突破临界规模，否则很容易在负反馈的作用下走向衰落，此时政府不宜监管过严，以免制约行业的正常发展。经验显示，美国监管宽松的时期恰恰是重要的经济增长期，20世纪80年代里根总统曾指出，“除非监管对社会的潜在收益超过了对社会的潜在成本，否则监管行为就不应该发生”，其放松规制的一系列举措使美国经济摆脱了滞涨的泥沼。克林顿和小布什总统也都采取了放松监管的措施，使美国经济保持了长期的繁荣。正是美国早期放松监管的政策，催生了一大批以苹果、谷歌、亚马逊、脸书为代表的超大型互联网平台，在数字经济领域领先全球。欧盟实施了严苛的反垄断政策，虽然保护了中小企业和消费者的利益，但数字经济的发展却不尽如人意，

缺乏超大型平台企业，其占全球总市值还不到4%。对于政府而言，监管不当也会出现监管失灵，比如监管成本过高、监管俘获、抑制创新等。

当然在平台经济发展日趋成熟时，行业出现寡头垄断格局，几家大型平台占据市场主导地位，暴露出“二选一”、“大数据杀熟”、数据泄露、企业间屏蔽、杀手并购等问题，就需要政府依法加强监管。但是，传统的监管手段适用于传统经济，不一定对数字经济有效。“代表先进生产力的数字经济和相对落后的监管体系之间的矛盾将是未来数字经济发展面临的主要矛盾之一，政府监管改革势在必行。”[①]因此，为推动中国平台经济的健康发展，政府监管机构需要处理好反垄断与创新的关系，改革并完善对数字经济、平台经济的监管体系。对平台企业垄断行为的认定，应该以是否侵害消费者的利益为判断依据，如果平台企业虽占据市场支配地位，但并未损害消费者利益，则可以维持现状，不对其进行处罚。在监管过程中，应注意区分正常商业竞争策略与不正当竞争的界限，弄清楚哪些问题可以通过市场竞争来解决，哪些问题必须依靠政府介入才能解决，避免一刀切。在政策的制定上，应以更加包容的态度对待这些科技企业，使政策着力于引导和鼓励平台企业将更多的资源用于开拓创新、改善服务、提升质量，推动企业回归到以科技创新为核心的发展道路上，为中国经济实现“变道超车”发挥主力军的作用。

（二）精准施策分类监管，营造公平竞争的市场环境

平台企业垄断用户数据，占据资本和市场份额的优势，很容易形成垄断。大型平台企业通过投资、并购、合作等方式将经营领域扩展到其他相关领域，比如从线上扩展到线下，从上游扩展到下游，从科技扩展到金融，从C端扩展到B端，继而形成庞大的商业帝国。[②]大型平台为普通企

① 戚聿东，杨东，李勇坚，等.平台经济领域监管问题研讨［J］.国际经济评论，2021（3）：27-48，4-5.

② 宗良，徐田昊，叶银丹.平台经济：全球反垄断新动向与中国健康发展路径［J］.新视野，2021（3）：25-30，44.

业提供服务时，优待自己的产品，使其在与平台内普通企业的竞争中占据优势；利用自己的优势地位对新进入的小平台进行收购，消灭潜在的竞争对手；使用压制竞争的策略将竞争对手排除在市场之外……这些不正当竞争行为扰乱了市场秩序，影响了资源配置效率，削弱了行业内投资激励和创新动机。政府应当主动出手精准施策，针对不同的平台类型、不同的垄断问题分别制定精细化的监管措施，不宜采用统一的监管标准，应当实施分类监管，促进行业的健康发展。对于在竞争中处于优势地位的平台企业，应注意规范其业务范围，引导平台企业专注于平台的建设和维护，提升平台对用户的服务质量，给予普通企业更多的生存空间，打造良性竞争的市场秩序。

（三）加强政府部门间的协同监管

跨界发展已成为大型平台企业的发展趋势之一，平台企业基于数据、资本、技术等方面的优势，在一个行业占据主导地位以后，很容易将优势从一个行业传递到其他行业，通过杠杆效应在多个行业、多个领域拥有支配地位。比如阿里巴巴集团涉足电子商务、金融、物流、云计算、广告、跨境贸易、健康医疗、生活服务等领域的服务，腾讯集团涉及社交、娱乐、广告、金融等多种业务，这给政府的监管工作带来了挑战。我国现行的监管制度是依托行业划分设立的，各行业间界限清晰，有各自的监管理念和监管手段。各部门监管工作分工明确而协同不足，缺乏有效的协同机制，这种监管体系很难适应平台经济多行业跨领域发展的实际情况。一个平台可能涉及多个部门监管，部门间若缺乏沟通协调，很容易出现监管真空，造成监管漏洞，降低监管的效率。为此需要重构目前的监管体系，建立多部门联合监管机制，既可以在明确合作规章和办事流程的前提下，建立联合工作机制，也可以专门组建一个负责平台经济监管工作的新机构，以促进平台经济的健康发展。

案例讨论

1. 平台经济与传统经济相比具有哪些新特征？

2. 为什么要进行平台经济的反垄断？

3. 如何妥善处理平台经济反垄断与创新的关系？

案例6

福岛核污水排入大海引争议

案例描述

一、日本拟向太平洋排放百万吨福岛核电站污水

据日本媒体报道，日本政府4月9日决定将福岛第一核电站核泄漏事故后积存的约125万吨含有放射性物质的污水排入太平洋，具体方针将于13日正式公布。

2011年东日本大地震引发的海啸造成福岛第一核电站发生核泄漏事故，为冷却核反应堆，福岛第一核电站平均每天要产生140吨的核污水，截至今年3月已积累核污水125万吨。为了减少对于环境的污染，这些污水被储存在核电站周边1061个大型储存罐中。日本政府认为，由于周边土地有限，到2022年秋季将没有地方可以储存这些污水。围绕福岛核电站的核污水处理问题，日本已经讨论了近7年。

虽然日本政府表示，在排入大海之前会把污水“净化”至符合安全基准的程度，但这一方针还是招致当地渔民的反对，并引起国际社会的担忧。日本全国渔业协同组合联合会在去年6月的例行大会上一致通过了“坚决反对”的特别决议。菅义伟首相4月7日与全国渔业协同组合联合会岸宏会长举行会谈，传达了政府决定排放核污水入海的方针，岸宏再次表

示反对。

中国外交部发言人赵立坚9日在记者会上表示，日本福岛核事故造成放射性物质泄漏，对海洋环境、食品安全和人类健康已经产生深远的影响。日本政府应当秉持对本国国民、周边国家以及国际社会高度负责任的态度，深入评估福岛核电站含氚废水处理方案可能带来的影响，主动及时地以严格准确、公开透明的方式披露信息，在与周边国家充分协商的基础上慎重决策。

二、日本决定将核污水排入大海

核污水排海方案出台

其实，日本在最近几年曾多次放出风声要将核污染排放大海，并以此来试探国际社会的反应。2020年10月，日本政府当时就考虑将福岛核电站的核污水排入大海，但遭到了日本国内渔业部门、周边国家及国际组织的强烈反对。日本政府后来不得不出面否认这一传闻，并表示会听取多方意见再做出决定。日本为何总是设法将核污水排入大海，至少存在三个方面的考量。

首先，将核污水排入大海的成本最低，方式也最为便捷。2020年3月，东京电力公司就向日本政府提出了5种核污水处理方案，包括地下填埋、注入地壳、蒸发后排入大气中、通过稀释排入海洋以及转化为氰化物进行排放。就这5种方式而言，稀释后排入海洋的成本最低、速度最快，且对日本土地污染最少。其次，储存核污水的储存罐已经不够用了。在福岛核电站遭遇地震发生核泄漏之后，东京电力公司共准备了1000个储存罐，截至2020年年底，90%的储存罐已经装满，储存的核污水总量超过了120万吨。东京电力公司所准备的储存设施总容量约为137万吨，按照当下的核污水产生速度，预计到2022年秋就达到了极限。日本媒体报道，虽然核电站周边依然有大片空地，但日本政府计划用这些空地来堆放核残渣和核燃料，没有多余的空地用来储存核污水。东京电力公司负责人表示，如果储存罐一直存放在原地，对今后的废炉处理工作会造成很大的障碍。2021年4月12日，日本首相菅义伟当天在众议院主持召开的决算行政监视会议上表示，解决福岛核电站的核污水工作已经是不能再推迟的课题，要在近期内出台相应的处理方案。最后，日本政府重启核电的意愿极为强烈。菅义伟在2020年就职后就提出了要在2050年实现碳中和的目标。国际社会普遍认为，日本要想实现碳中和的目标，就意味着将重启核电提上议事日程，那么福岛核电站的核污水问题就迫在眉睫。

面对国际社会对核污水排放风险的质疑，日本政客及日本媒体始终坚称，日本核污水排入海洋符合国际惯例，并在2年内尽最大努力对这些核污水进行稀释，使其对海洋的污染达到最小化标准。不过，多家国际研究机构表示，日本政府的设想过于简单，直接向海洋排放核污染会让全球付出惨痛的代价。一方面，核污水排放大海之后，福岛及其周边海域会遭受第二次污染。10年前的福岛核事故发生后所产生的污染至今依然存在，当地动植物和人类的健康状况、预期寿命均出现了大幅度的下降。研究表明，海洋生物对生存环境比陆生生物更加敏感，一旦日本将大量的核污水排入海洋，对海洋生物种群会造成致命打击。海洋生物受到污染之后，也会随着食物链将污染传递给人类，对人类的健康造成巨大威胁。另一方面，核污水会随着洋流蔓延到全球。在福岛核事故发生后，德国相关的海洋科研部门通过建模测算，只需要3年时间，日本的核污染就会通过洋流从福岛蔓延至北美地区。10年前发生的核事故影响至今尚未消除，对海洋环境、食品安全、人类健康产生了难以估量的影响，如果日本政府一意孤行，坚持要将核污水排入大海，影响的不仅是日本国民，也将给周边国家和全球带来难以承受之伤害。中、韩、俄等国家在日本政府做出决议之后，提出了严正的抗议和交涉，要求日本政府的决策应该公开透明、慎之又慎。毕竟，一旦核污染通过大海扩散之后治理难度更大。

国际社会强烈反对日本决定

日本政府在4月13日公布排放决定后，在国际社会引起轩然大波。多国政府、民间团体、国际组织、各国媒体、智库学者等对此持续关注并深表忧虑，认为日本政府的这一决定有悖国际法规则，且风险极大。

澳大利亚国际政策研究所认为，《联合国海洋法公约》和《防止倾倒废物及其他物质的污染海洋公约》（简称《伦敦公约》）及其议定书均对海洋倾倒废物做了明确的禁止性规定。《联合国海洋法公约》规定，各方应该合作保护海洋生态环境，公约第210条要求任何倾倒或排放措施要事先征得沿海各国政府的许可。显然，日本政府决定的排放行为是其单方行为，未得到沿海各国政府的许可。《伦敦公约》第8条指出，只有在特殊的紧急情况下，才允许进行海上倾倒，但应与任何可能受到影响的国家进行协商。日本作为这两个国际条约的缔约方，有义务保护海洋生态环境不受破坏。因此，日本在做出排放核污水决定之前，应该与周边国家、利益相关方、国际主管机构合作，分享必要的情报和信息，并事先制定好应急预案。

就在日本政府做出排放决定后，联合国人权委员会声明表示，对日本政府向海洋排放核污水深感失望，此举会影响到数百万太平洋地区民众的生命和安全。该声明中还指出，日本政府宣称通过ALPS 技术处理后可以消除污水中的放射性元素。但实践表明，该技术并不能彻底消除核污水中的放射性元素的危害。同时，日本政府低估了核污水中放射性元素的危害性，其对人类和生态环境的影响至少会持续数百年时间。密克罗尼西亚联邦政府在声明中表示，对日本向太平洋排放核污水表达严重关切，强调该国的粮食、金融安全均依赖于海洋资源，要求日本在做出排放决定时需要考虑对太平洋岛国造成的潜在威胁，并呼吁日方加强与太平洋岛国在排放问题上的对话与合作。太平洋岛国论坛秘书长在声明中也表达了严重关切，呼吁日本政府公开决策理由、程序及过程。在韩国与中美洲八国的联合声明中，对日方的这一决定深表遗憾及担忧。

中国外交部发言人赵立坚表示，中方对日方排放决定表示严重关切，要求日方以切实负责任的态度，审慎对待福岛核污水处置问题。赵立坚认为，日本福岛核事故是迄今为止人类发展中最为严重的核事故之一，事故造成大量放射性物质泄漏，对海洋环境、人类健康、食品安全造成了巨大的危害。妥善处理福岛核污水问题关系到周边国家的切身利益，日本政府理应慎之又慎，确保在多方参与下共同做出决策，进一步避免对海洋环境、人类健康和食品安全造成的危害。

当前，国际社会对日方决定将核污水排入太平洋一事高度关注，普遍表示质疑和反对。其实，日本国内也有较多的反对声音，就在日本政府阁僚会议发布声明后，福岛民众、日本渔民对日本政府表达了强烈的谴责和质疑。无论日本政府认为将核污水排入大海有多么安全，日本渔业协同组合联合会认为，政府的任何承诺和保证都难以消除渔民的怀疑和反对，因为整个决策过程是不透明的，渔民并不清楚政府的决策依据。福岛当地民众纷纷举行抗议集会，反对日本政府的排放计划，并呼吁政府不要做单方的强行决定。福岛当地的民间环保团体统计显示，福岛县59个市町村议会中，有41个议会对日本政府的排放决定投了反对票。4月13日当天，东京首相府外参与抗议的民众达到了45万人之多。日本渔业协同组合联合会会长岸宏在4月13日与日本首相菅义伟会谈后依然表示，他反对将核污水排入大海。

国际原子能机构总干事格罗西在4月13日的一份声明中指出，对日本政府决定将福岛核电站核污水直接排入大海深表关切，也能够理解全球对此事的强烈关注，国际原子能机构愿意参与日本排放方案的评估和监督工作。在此过程中，国际原子能机构愿意与各方积极磋商，努力避免此事对海洋生态、食品安全及人类健康造成影响。

（案例来源：李玉川《日本拟向太平洋排放百万吨福岛核电站污水》，北京日报客户端，2021年4月9日；向丽娟《日本决定将核污水排入大海》，《生态经济》第37卷第6期。）

案例评析

一、理论基础

此案例主要涉及外部性（externalities）的相关理论。福岛核污水排入海洋，将使周边国家甚至全球海域的海水遭受核污染，海洋生物遭受核辐射而变异甚至大批死亡，居民由于食用被污染的海洋生物而使健康受到威胁，等等。但是日本政府并未给予这些国家应有的赔偿，这是典型的负外部性问题。

（一）外部性的定义及特征

外部性也称外部效应、外在性等，是西方经济学家用来分析市场失灵的一种理论。所谓外部性，是指某些经济主体的活动对其他经济主体产生了有利或有害的影响，却并未得到应有的报酬或承担相应的责任。例如吸烟者吸烟污染了周边的空气，使他人被动吸入“二手烟”，影响他人身体健康；大批民众接种新型冠状病毒疫苗，形成免疫屏障，对未接种疫苗者产生有益影响，减少了他们感染新冠肺炎的可能性。按照外部性产生的结果来划分，外部性可以分为正外部性和负外部性。这些外部性反映了未在市场价格中得以反映的交易成本或收益。在存在外部性的情况下，私人边际收益和社会边际收益、私人边际成本和社会边际成本发生偏离，导致资源配置发生扭曲。

外部性具有以下基本特征：

第一，外部性独立于市场机制之外。外部性是对市场交易之外的第三方产生的影响，不是通过市场发挥作用，不属于买者与卖者的关系范畴，市场机制无法对产生外部性的厂商进行处罚。

第二，外部性产生于决策范围之外并伴随决策而产生。厂商在进行交易决策时考虑的是私人成本和私人收益，而非社会成本和社会收益。即便交易带来的总收益低于总成本（社会成本），但只要高于私人成本，厂商仍然会选择进行生产，于是就产生了外部性。

第三，外部性与承受者之间具有某种关联性。外部性活动必然会触动承受者的切身利益，使他们受益或者受损。如果他们对外部性漠不关心，那么这种影响就不是真正的外部性。

第四，外部性带有某种强制性。不管你是否同意，外部性都会强加在承受者身上，如邻居家里装修造成的噪声扰民、雾霾天的空气污染等。这种强制性无法通过市场机制解决。

第五，外部性不可能完全消除。外部性独立于市场机制之外，市场机制本身不能对负外部性制造者进行惩罚，政府干预也只能起到限制作用，使之达到人们能够容忍的标准，但不能完全消除，工业污染就是典型的例子。

（二）外部性的矫正

外部性普遍存在于市场经济中，并导致市场失灵。在存在外部性的条件下，资源配置不能实现帕累托最优，因此需采取有效措施矫正外部性，实现外部性内在化。

1.经济措施：税收与补贴

运用经济措施就是采用类似于市场的机制来解决外部性问题。庇古提出了著名的修正性税（也称庇古税），即采用税收或补贴的方式使私人成本与社会成本一致。例如，政府对负外部性的制造者征收相当于外部边际成本（因增加一个单位的某种物品或劳务的产量而给第三者带来的额外成本）的消费税，其私人成本便会与社会成本相等，利润最大化原则就会促使生产者将产出水平控制在价格等于社会边际成本之处，恰好符合了资源有效配置的条件。相反，针对正外部性的生产者，政府可给予相当于外部边际收益（表示因增加一个单位的某种物品或服务的消费而给第三者所带来的额外的收益）的补贴，鼓励他们将产量扩大到对社会有效率的水平。通过税收与补贴，使资源配置达到帕累托最优。

庇古税的基本原则与大多数经济学家所倡导的“污染者付费原则”是一致的，各国政府普遍将征收污染税作为主要的控污措施之一。比较常见的抑制外部性的税收是“消费税”，主要对香烟、酒和石油制品等货物征税，其原因就在于这些商品对个人和社会都有一定的负外部性。

补贴有三种情形。一是对外部性中的受损者给予补贴。比如庇古提到的受火车火花影响的车轨旁的种谷者应受到政府补贴。二是对产生外部经济的一些厂商给予补贴。补贴的目的是使这类主体的私人边际收益在接受补贴后等于社会边际收益，鼓励其增加产量。三是对外部性制造者给予补贴。补贴的目的是促使厂商有动力花钱去减少污染，有人称之为向污染者行贿，这种补贴备受争议。

2. 行政措施：管制与指导

政府采取行政调节手段也可限制外部性。当外部性引起资源配置不当时，政府调节机构可确定资源的最优配置，利用行政指令使厂商提供最优的产量组合，或直接限制厂商的某些外部性行为。如制定行业技术标准，对不达标的企业限制审批或勒令停产；对资源型企业制定生产限额；制定保护精神产品的法律规范，保护知识产权；建立许可证制度，解决共同资源问题；将污染的制造者和受损者联合起来组成共同体，将污染净化成本变成联合企业的内部成本，实现外部性“内在化”。

这种方法的主要缺点是制定政策并强制执行的成本很高，同时还需计算大量私人成本和社会成本等一系列进行调节所必需的信息方面的问题。另外，政府管制还会面临行政效率和官僚主义方面的困难，地方行政机关可能产生不公正或长期拖延等问题，从而造成管制“幻觉”。

3. 法律措施

政府可以用法律手段来界定产权和处理外部性问题，其优点是：一是不会受利益集团压力的影响，二是它可以通过审判过程得到恰当的阐述。

政府运用法律手段处理负外部性有一定的局限性。第一，诉讼的交易成本较大，私人部门提起诉讼要花费大量的时间、精力和金钱，当某些外部性的损失较小时，不值得动用法律武器。况且经济措施和行政措施在处理外部性时，成本主要由公共部门负担，而法律措施的交易成本要由私人部门承担。第二，由于诉讼费用昂贵，厂商会把外部性的影响减少到接近但稍小于受损者诉讼的成本，使受损者不值得起诉，从而产生了较大的效率损失。第三，诉讼的结果具有未来不确定性，如果诉讼成本高昂，受损者就不太愿意运用法律手段解决负外部性。第四，由于诉讼过程中存在成本较高与未来结果的不确定性，这就意味着与公平、正义相冲突。第五，在外部性受损者较多的情况下，作为个人而言，如果其损失价值较小而不足以促使他去起诉，就会出现很多受损者“搭便车”的现象，每个人都想让别人去起诉，如果他人成功了，自己便可以坐享其成。每个人都想“搭便车”的结果可能造成没有人去起诉。总之，法律系统为我们提供了解决负外部性的重要补救办法，但它难以应对各种不同类型的负外部性，法律措施有其自身的局限性。

4.自愿协商：科斯定理与交易费用

科斯认为，无论权利属于市场交易的哪一方，只要产权关系明晰，那么私人成本和社会成本就不会发生偏离。虽然权利的界定会影响财富的分配，但是如果交易费用为零，不管权利如何界定，都可以通过市场的交易活动和权利买卖者的互定合约来实现资源配置的帕累托最优。这就是科斯定理的内涵。交易费用又称交易成本，是经济个体为了进行市场交易，在收集信息、协商谈判以及监督契约条款的履行过程中所需的各项费用的总和。在科斯看来，这种自愿协商性质的外部性解决办法可以看成是一种市场交易，是市场规律本身在发挥作用。只要产权是界定清楚的，交易各方就会千方百计降低交易费用，使资源使用到产出最大、成本最小的位置，达到资源的最佳配置。科斯定理的政策含义是，政府无须对外部性进行直接调节，只要明确施加和接受外部成本或收益的当事人双方的产权，通过市场谈判就可以解决外部性问题。

然而科斯定理在解决外部性问题时也有缺陷。第一，科斯定理成立的条件之一是交易费用接近于零，这样才能通过双方协商找出有效率的解决办法。但是，类似雾霾天气这种外部性涉及上百万人的负外部性问题，让所有污染者和被污染者坐在一起谈判几乎是不可能的。第二，科斯定理假定外部性来源明确，资源的拥有者能够鉴别对自己财产破坏的来源，并合法地阻止破坏。同样考虑雾霾这个例子，人们很难找出哪些经济主体该对雾霾负有责任，以及这些主体各自应该担负多大的责任。考虑这些情况，科斯定理适用于只牵涉几方的、外部性来源清楚的情况。

二、福岛核污水排海可能造成的危害

日本福岛核污水排海将会造成非常严重的负外部性问题。福岛百万吨核污水排入太平洋，对于日本政府来说，无非就是为了“省钱、省事”，但是污水中的放射性元素便会随着海水扩散到整个太平洋甚至全球各大海域，届时世界上很多国家都会遭受核污水排海的负外部性影响，而日本政府却未承担应有的责任。

（一）引发全球生态灾难

虽然日本政府宣称福岛核污水经过多次处理，部分放射性元素的含量已经处于较低水平，他们会将氚的浓度稀释到日本国家标准的1/40，不会对海洋造成污染。然而氚作为一种放射性物质，衰变周期长，其半衰期一般有几十年甚至上百年，即使被海水稀释也不会轻易散去。即便氚的浓度达标了，核污水中仍含有多种放射性同位素，如碳-14、钴-60和锶-90等，这些元素的降解时间更长，一些原子同位素衰变过程甚至长达数万年乃至几十万年。福岛核污水排放后，大量放射性元素会在排放点附近海域的海洋沉积物和海洋生物中富集，相当一部分元素将随着洋流流向整个太平洋甚至全球各大海域。德国海洋科学研究机构预测，由于福岛有着全球最强的洋流，从排放那天算起，只需57天，放射性物质就会扩散到太平洋大半个区域，3年后美国和加拿大将遭受核污染的影响，10年后全球所有海域都将受到影响。据韩国媒体报道，受污染的海水220天之后将抵达韩国济州岛，400天后将涌向韩国西海岸。德国绿色和平组织高级核专家肖恩·伯尼认为："这些废水中的放射性核素，在数千年内都是很危险的，其中碳-14作为'人类集体辐射剂量的主要来源'，有可能会损害人类DNA，因此必须放弃这一计划（排污入海）。"

核污水的排放，首先会造成环境危害，海边居民会受到核污水的影响，然后会造成生态影响，海洋生物遭到核辐射的污染之后大多数会发生基因突变，有些生物可能因此灭绝，生物多样性遭到破坏，生物安全受到威胁。携带着放射性物质的海洋生物经由食物链传递，可对人体健康造成伤害。这是一个关乎海洋生态环境安全的国际问题，它不仅会影响到日本民众，而且会影响到全球人民的共同命运，在这场生态灾难中，没有人能独善其身。核污染造成的危害，不是短时间内可以消除的。目前，放射物已深入海底泥土深达20厘米，随着时间的推移，核污染造成的后遗症将会逐渐显现，在以后漫长的岁月中都不会轻易散去。

（二）威胁食品安全

海洋生物是人类重要的食品来源之一，遭受到核污染的海洋生物直接威胁到人类的食品安全。近期在福岛附近海域先后发现多种遭受核污染的鱼类。2019年，福岛县渔业协同组合联合会在深达62米的海域中捕获到含有铯元素的斑瓮鳐，其体内铯元素的含量高达每千克161贝克勒尔，已严重超出日本规定的食品中放射性铯含量不得超出每千克100贝克勒尔的标准。2021年2月，福岛县捕捞到含放射性物质超过标准5倍的石斑鱼。2021年4月，福岛县海域的黑鲉鱼因体内检测出铯元素达每千克270贝克勒尔而被禁止上市。

令人遗憾的是，不仅日本海域受到了核污染，其他海域也未能幸免。2016年，加拿大维多利亚大学的海洋专家在加拿大西海岸的三文鱼身上检测到铯-134放射性元素，说明2011年福岛核泄漏产生的放射性物质已经扩散到北美地区。日本福岛核泄漏已经引发多国对日本食品的担忧，一些国家和地区对来自日本福岛的水产品和农产品实施了进口限制，此次核污水的排放只会加重各国对日本食品的担忧和排斥。

福岛核污水排入海洋，将会对我国远洋渔业造成严重影响。我国海域辽阔，拥有丰富的渔业资源，是世界主要的水产国之一，环太平洋海域是我国远洋捕捞的主要区域，几乎占到远洋捕捞的三分之二。日本这种损人不利己的做法将会对包括我国在内的全球海洋渔业产生巨大冲击。

（三）危害人类健康

1986年切尔诺贝利核泄漏导致大约9300人罹患癌症而去世。2011年日本福岛核泄漏的后遗症也已显现，2020年2月日本发布的居民健康调查显示，核电站爆炸后释放的核辐射，使福岛县白血病呈高发态势，青少年甲状腺癌的发病率增加了118倍。[①]据悉福岛核污水中含有大量放射性物质，主要污染物为氚和碳-14，除此之外还有60多种放射性物质残留。专家警示这些放射性核素，在几千年内都有危险，有可能造成人类基因损害。核污水中存在的氚，可通过食物链、呼吸道和皮肤等途径被人体摄入，并长期滞留在人体中，对人体造成伤害。铯会损伤人体造血系统和神经系统；钚和铀可以渗透到人体的肺、肾脏、骨骼等细胞组织中，破坏细胞基因引发癌症；碳-14可能会损害人类DNA；碘-129可能导致甲状腺癌；锶-90容易导致白血病……总之，人类如果受到核辐射可能会导致白血病、甲状腺癌等恶性肿瘤发病率提高。如果食用遭受核污染的食物累积到一定量后，可能引起慢性放射病等疾病，同样会导致重大疾病发生率提高。更可怕的是，放射性核素有可能导致生物基因突变，对人体健康和生物演化将会产生何种影响，

① 吴旭东.日本核废水排海将提升重疾发病率［N］.中国银行保险报，2021-05-06.

目前还很难做出全面预测。需要警惕的是，将核污水排海，还有可能造成我们未知的其他严重隐患。

三、针对福岛核污水排海问题的应对策略

（一）构建应对核问题的全球治理体系

福岛核污水排海已经超越了一个国家的界限，变成了一个全球性的治理难题，难以用国内治理外部性问题的策略来解决，而是要用全球化的视野，构建人类命运共同体，共同应对全球生态危机。首先，应建立针对核污水排海问题的国际沟通协调处理机制。可由联合国牵头，召集所有利益相关国代表参加，共同商讨处理核污水的对策，推动污水处理问题的全球合作，开展国际协商谈判，明确各方尤其是日本政府应承担的国际责任。其次，制定带有约束力的国际制度规则。日本之所以敢明目张胆地直接将核污水排入海洋，就是因为缺乏针对此类问题的国际规则，国际社会无法利用规章制度去约束规范相关国家的损害行为，也缺乏对相关国家的损害行为做出惩戒的法律依据。因此应积极推动国际社会尽快制定应对核事故及处理核废料的国际法，防止再有此类事件发生。最后，探索建立海洋生态环境国际灾害赔偿机制，明确责任承担方式以及对海洋生态环境损害的追责机制，迫使实施海洋生态环境损害行为的国家在生态赔偿成本与排放成本之间做出权衡，对有意侵害海洋生态环境的国家形成震慑。我国可联合周边国家向日本提出国际申诉，要求日方给予赔偿，坚决维护国家主权和民族利益。

（二）积极与周边国家开展国际合作

福岛核污水排海影响全球海域，各个国家单打独斗是无益于解决这起生态灾难的，需要国际社会携起手来共同合作，相互之间通报最新进展，交流最新研究成果，全面准确地公布信息数据，联合开展科学攻关，最大限度地减少污染所造成的负面影响。同时核污水治理涉及地质学、核

物理、核化学、生物学、海洋学、环境学等多门学科，开展跨学科的联合研究非常必要。另外，应积极发挥民间组织的作用，吸引社会力量参与进来，扩大参与治理的主体，拓宽治理渠道，丰富治理手段，力求妥善解决这一问题。

（三）完善我国核安全应急管理机制

我国的核电发展经历了20世纪70年代初至1993年的起步阶段、1994年至2005年的适度发展阶段和2006年至今的积极快速发展阶段，至此，我国核电已进入规模化发展的新阶段。我国核电虽然相对规模不大，2016年核电发电量仅占全国累计发电量的3.56%，明显低于世界有核国家10.8%的平均值，但安全运营方面属全球领先水平。核安全是国家安全的重要组成部分，核安全事故对社会和人民危害巨大、波及面广、影响深远，切不可掉以轻心。切尔诺贝利和福岛的核泄漏事件为我们提供了警示，应以此为戒对我国的核电站进行全面安全检查，排除隐患，并模拟重大突发事故进行应急演练，做好风险防范，严守安全红线。同时，就福岛核污水排海对我国海洋生态环境的影响进行动态监测，加强对日本出口产品尤其是海洋水产的进口管控，严禁受到核污染的产品向我国出口并销售，尽量将核污水排海对我国造成的损害降至最低限度。

案例讨论

1.结合本案例试析如何矫正负外部性。

2.科斯定理带给我们哪些启示？其局限性表现在哪些方面？

3.如何加强核污水的全球治理？

案例7

新冠肺炎疫情与医疗卫生支出

案例描述

一、全球累计新冠确诊病例突破两亿　漫长“战疫”更需深化全球合作

8月7日，参加纪念新冠逝者游行的人们在美国纽约布鲁克林大桥上相互拥抱。当日，美国纽约数百名民众参加游行，纪念在新冠肺炎疫情中失去的亲人。世界卫生组织6日公布的最新数据显示，全球累计新冠确诊病例达200840180例。

之前，据美国约翰斯·霍普金斯大学统计，截至北京时间5日3时21分，全球累计新冠确诊病例超过2亿例，累计死亡病例约425万例。

确诊病例从疫情发生到累计超过1亿例，用时约一年；从1亿例增至2亿例，用时半年多。

观察当前全球疫情形势：变异病毒传染性高，加速疫情蔓延，加大防疫难度，挑战疫苗保护效力。多地疫情再度反弹，不得不重新收紧防疫措施。国际公共卫生领域专家说，人类要做好“持久战”的准备。

全球多国疫情反弹　美官员承认抗疫失败

尽管掌握充足到富余的疫苗，美国近来连续几天单日新增确诊病例都

超过10万例，6日报告的新增病例超过12万例，刷新美国半年来最高纪录；高传染性变异病毒德尔塔毒株迅速蔓延，更多儿童和青年感染，以至于一些地区的儿童医院病床告急……

美国国家卫生研究院院长弗朗西斯·柯林斯接受美国媒体采访时承认：这场抗疫战，美国可谓“失败”。

在美国广播公司8日播出的《本周》节目中，柯林斯坦言：“我们真的本来不该落到现在这种地步。从这个角度来看，我们确实做得失败。”

柯林斯认为，美国没能遏制德尔塔毒株蔓延而导致疫情大规模反弹，问题主要出在“争取让所有人都接种疫苗”的工作做得不够“有效”。

法新社报道，虽然对德尔塔毒株的恐惧推动了美国疫苗接种步伐，但仍有数以百万计的民众，尤其是在政治保守派占上风地区的居民，对打疫苗持怀疑态度。

美国国家过敏症和传染病研究所所长安东尼·福奇也发出警告：一旦扛不住这波德尔塔毒株攻势，新冠病毒新变种流行概率会增加，而后者“可能比德尔塔更棘手”。

福奇8日在美国全国广播公司电视节目《与新闻界对话》中说，他希望在8月底以前，美国食品和药物管理局能正式批准国内在用的几款新型冠状病毒疫苗。这些疫苗现阶段获得的是紧急使用授权。

近半月以来，印度单日新增确诊病例仍在4万例左右，单日死亡病例约为500例，两项数字仍在高位。截至7日，印度累计确诊人数近3200万，累计死亡人数超42万。

巴西是目前拉美地区新冠肺炎疫情最严重的国家。巴西卫生部8月3日公布的数据显示，该国当天新增新冠确诊病例32316例，累计确诊病例19985817例；新增死亡病例1209例，累计死亡病例558432例。

2020年东京奥运会8月8日晚落下帷幕。同一天，东京都单日新增新冠确诊病例连续第5天超过4000例。按照共同社说法，东京都疫情呈现“爆发式”扩散趋势。首相菅义伟先前重申，疫情快速恶化与举办奥运会无关。

文莱7日报告8例新冠确诊病例，其中7例为本土病例，打破该国自2020年5月6日以来保持的457天本土新冠病例零报告纪录。

变异病毒“突破感染”挑战疫苗保护效力

近期随着新冠高传染性变异病毒德尔塔毒株在全球加速传播，一些国家报告新型冠状病毒疫苗接种者“突破感染”病例呈增加趋势。

何为“突破感染”？“突破感染”指病原体突破了疫苗的防线，导致完成疫苗接种的人感染疫苗本该预防的疾病。武汉大学病毒学国家重点实验室教授徐可介绍，这是因为所有疫苗保护效力都难以达到100%，保护效力越低，“突破感染”发生率越高。即便是保护效力最好的疫苗，个体差异也会导致在免疫反应较低的个体上发生“突破感染”。

近期，一些疫苗接种率较高的国家报告了多例“突破感染”病例。美国疾病控制和预防中心最新统计数据显示，截至7月26日，美国累计报告6587例接种疫苗后住院或病亡的“突破感染”病例，其中74%为65岁及以上患者，共有1263例病亡。

“老年人和患有基础疾病者仍然是‘突破感染’后发展为重症乃至死亡的高危群体。”国家传染病诊断试剂与疫苗工程技术研究中心副主任、厦门大学公共卫生学院副院长张军介绍。

以色列卫生部7月24日报告，该国累计发现5770例接种疫苗后“突破感染”病例，其中495例正接受住院治疗，123例病亡。美国《新英格兰医学杂志》近日刊登的研究显示，在1497名完全接种了美国辉瑞疫苗的以色列医护人员中，39人发生“突破感染”。

徐可指出，很多病毒突变快，对现有疫苗产生逃逸，也会造成“突破感染”。在全球疫苗历史上，“突破感染”情况时有发生，比较典型的就是病毒突变造成的流感和乙肝疫苗接种后的“突破感染”事件。

包括德尔塔毒株在内的新冠变异毒株正在挑战疫苗保护效力。张军说，德尔塔毒株导致的“突破感染”更为多见，虽然尚不能确定是由疫苗对该毒株的保护效力较原型株减弱，还是由该毒株本身感染力和传播效率更高所致，但目前已上市的各种疫苗的免疫后血清抗体对某些毒株的中和活性确实有所减弱。

不过，“突破感染”并不意味着疫苗完全失效。张军说，在数据科学性较强的研究报告中，各种疫苗预防死亡和重症的有效率均明显高于预防轻症或感染的有效率，但“突破感染”导致的重症和死亡仍有发生。

未来抗疫之路如何走　专家呼吁深化全球合作

面对新冠病毒持续变异、“突破感染”病例增加的趋势，多国采取了建立“突破感染”病例数据库、开展加强针接种等方式予以应对。

例如，美国疾控中心建立了疫苗“突破感染”数据库，涵盖病人人口统计学信息、地理位置、接种时间、疫苗种类、感染病毒序列等详细信息。各地方疾控机构可上报、查询数据库中记录的“突破感染”病例信息。

一些专家还建议，为应对“突破感染”，可采取加快研发保护效力更高的疫苗剂型、适当增加疫苗免疫剂次即注射加强针、采用新的免疫增强技术等方式。

张军说，从增加疫苗免疫动员全面性的角度考虑，目前大规模使用的肌肉注射新型冠状病毒疫苗主要动员全身免疫应答，而没有呼吸道局部免疫动员的效果，因此可以加强具有动员呼吸道免疫疫苗的研究以及与肌肉注射新型冠状病毒疫苗联合使用的探索。

漫长的“战疫”更需强化全球行动，深化全球合作。病毒无国界，疫情政治化只会让抗疫更加艰难。正如世卫组织此前所说：新冠病毒是快速传播的“杀手”，任何分歧都会助长它的威力。没有国家层面和国际层面的团结，病毒扩散速度会更快。

二、现代院报告：新冠疫情加速世界百年变局演进

新冠肺炎疫情对百年未有之大变局造成了何种影响？全球战疫如何

牵动国际格局演变？世界面临“六失”（疫情失控、经济失速、社会失常、治理失能、美国失治、世界失序）之际，中国应该如何有所作为？

12月29日，中国现代国际关系研究院（简称“现代院”）在北京举办年度学术盛会——“国际战略与安全形势：回顾与前瞻2020/2021”，并正式对外发布该院第20本年度战略黄皮书《国际战略与安全形势评估2020/2021》，为上述世界难题提供中国答案。

世界变局加速推进

报告指出，2020年是二战结束与联合国成立75周年，新冠肺炎疫情大流行突如其来，百年未有之大变局加速演进。全球战疫加剧国际格局“东升西降”“中进美退”，大国博弈激烈复杂，全球治理备受考验，地区热点有增无减，政治思潮相互激荡，世界进入动荡变革期。

报告说，新冠肺炎疫情席卷全球，不仅造成“百年一遇”的全球公共卫生灾难，还引发各国经济、社会、政治等多重危机。与此同时，其他全球性挑战继续发酵，世界面临严峻考验。新冠肺炎疫情蔓延呈现常态化、长期化、反复性态势。以新冠肺炎疫情全球大暴发为首，跨国非传统安全挑战日益凸显全局性和战略性影响。

报告认为，疫情使国际战略格局的重构明显加快。世界地缘格局“东升西降”势不可当，国际权力重心自西向东加速转移。东亚抗疫整体成效大幅领先欧美，中国高效抗疫举世瞩目。

中国率先走出疫情阴影，经济复苏领跑各主要大国，同时不断深化改革开放，面向未来加快构建“新发展格局”，充分彰显中国特色社会主义的制度优势和治理效能。面对中国加速崛起，美国不断强化“大国竞争”，着力打压中国，全方位升级对华战略遏制。中美竞争成为牵引当今大国关系走向的一条主线，中美欧和中美俄两个大三角博弈据此展开。

世界经济陷入衰退

报告认为，新冠肺炎疫情全球大流行导致世界经济深陷衰退，全球贸易断链收缩、投资巨幅下挫、金融市场虚火上冲、石油市场复苏乏力。世界经济衰退加剧格局演变，全球经济系统性风险升高，国际经济关系加速重组，世界经济“东升西降”的发展势头进一步加强。与受创严重的美欧相比，东亚经济体在逆境中显示出更强活力，中国成为唯一正增长的主要经济体。

报告说，低迷的国际贸易遭遇疫情“大考”，进入寒冬。同时，供应链多元化、区域化、本土化调整提速，东亚、北美、欧洲三大区域贸易板块鼎足之势将成，数字贸易新业态、新模式迅猛发展，国际贸易格局正加速演变。

报告指出，2020年国际金融市场出现2008年以来最大幅度震荡，甚至一度爆发流动性危机。在各国史无前例的财政与货币刺激政策下，市场迅速回温，但虚拟经济和实体经济脱节进一步加剧，国际金融体系脆弱性上升、调整迫近。国际社会对“去美元化”的呼声日益高涨。美国肆无忌惮地滥用经济金融制裁大棒的行为正使“去美元化”得到越来越多国家的响应。

全球治理经受大考

报告说，2020年是自二战结束以来全球治理形势最为严峻的一年。百年罕见疫情全球大暴发，世界经济经历20世纪30年代大萧条以来最严重的衰退，局部战争与边境冲突并发，军备竞赛与粮食危机同进，传统安全与非传统安全风险共振，不稳定不确定因素层出不穷，全球治理面临前所未有的挑战。

百年大疫情和百年大变局相互激荡，原本支离破碎的全球治理体系似乎正在进入一个无序与动荡交织的“至暗时刻”。百年大疫情加剧百年大变局。各国纷纷自顾，全球治理共识减少、动力缺失，全球治理赤字全面扩大。2020年全球治理聚焦合作抗疫和疫后经济复苏，但相关经济、社会、政治、安全、地缘博弈、意识形态等问题相互交织，治理焦点更加纠结难解。国内治理短板等因素进一步增加了解决全球治理焦点的复杂性。

报告指出，全球治理当前正处于新旧体系转换过渡的关键“十字路口”。中国通过合力应对疫情、高质量共建“一带一路”，携手推动构建人类命运共同体，积极为全球治理体系改革贡献中国智慧和中国方案。

展望十大趋势风险

报告说，新冠肺炎疫情之下全球步入动荡变革期，世界百年未有之大变局与中华民族伟大复兴战略全局相互激荡，2021年国际战略与安全环境更趋复杂，以下十大趋势及相关风险值得关注。

一是新冠肺炎疫情此起彼伏，全球战疫未有穷期。疫情扩散呈常态化、长期化。病毒加速变异影响疫苗有效性。疫情延宕引发多重危机。

二是选后美国分化内耗，外溢效应深刻复杂。2020年大选折射美国极其严重的政治对立和社会分裂，美国分化内耗使其政治弊端暴露无遗，综合国力受损，新政府将利用国际事务转移国内矛盾。

三是新科技革命方兴未艾，科技竞争日趋激烈。全球科技创新空前密集活跃，新一轮科技革命和产业变革深入发展，5G、卫星互联网、人工智能、量子通信、基因编辑等新技术新应用多点突破，深刻重塑人类社会。

四是全球化变轨转型，区域化蓄势待发。在美国单边主义、新冠肺炎疫情轮番冲击下，全球化既有模式难以为继，全球化将在政府与市场、经济民族主义与经济自由化、发展与安全、自由与公平之间进行艰难平衡。

五是世界经济带疫重启，危机阴影挥之不去。2021年全球经济将探底复苏，但远不能恢复到疫情前水平，且面临诸多风险。

六是国际秩序失序乏力，全球治理逆水行舟。冷战后美西方主导的国际秩序难以为继。以联合国为核心的既有多边机制难以应对层出不穷的全球性挑战。

七是疫情加剧社会矛盾，多国多地动荡不定。欧亚地区国家经济社会治理短板凸显，2020年冒头的动荡可能扩大蔓延。拉美沦为疫情“重灾区”，2021年有暴发新一轮动荡的风险。疫情导致非洲生存和发展面临更大威胁。

八是军事安全因素上升，地缘之争卷土重来。美日澳印“印太四国”防务合作网络化加快。此外，地区国家间矛盾将在三大地区催生军事冲突风险：中东爆发热战的风险犹存；印巴存在爆发军事冲突的风险；欧亚地区一些“被冻结的冲突”可能再度解冻。

九是暴恐势力不甘寂寞，恐怖主义死灰复燃。暴恐势力进入新一轮扩张期。伊斯兰极端主义与西方民粹主义两极对立，欧洲恐怖主义祸患反弹。

十是“后真相时代”真伪难辨，话语争夺舆情多变。信息社会舆论传播生态受到技术与政治因素的双重影响，信息真伪愈加难辨，话语权争夺更趋激烈。大国竞争日益抬头，价值观与意识形态领域的斗争更趋激烈，舆论战愈演愈烈。

（案例来源：《全球累计新冠确诊病例突破两亿 漫长“战疫”更需深化全球合作》，《浙江日报》2021年8月11日；连国辉《现代院报告：新冠疫情加速世界百年变局演进》，参考消息，2020年12月30日。）

案例评析

一、基本原理

作为突发性公共卫生事件，2020年新冠肺炎疫情的大暴发给全球人民的生产和生活造成了重大影响。我国政府迅速投入大量财政资金以及人力、物力对抗疫情的冲击，使疫情很快得到缓解。其中，财政通过重点增加疫情防控和医疗救治方面的支出、因地制宜实施阶段性减税降费政策，对减轻疫情对经济的冲击、迅速恢复生产生活起到了重要作用，但同时也暴露出我国医疗卫生体系存在的不足，优化医疗卫生支出势在必行。

医疗卫生支出是政府用于医疗卫生领域的财政支出，包括医疗支出和公共卫生支出等。2000年，财政部、税务总局在《关于医疗卫生机构有关税收政策的通知》中指出：“医疗服务是指医疗服务机构对患者进行检查、诊断、治疗、康复和提供预防保健、接生、计划生育等方面的服务，以及与这些服务有关的提供药品、医用材料器具、救护车、病房住宿和伙食的业务。”医疗服务接受的对象是具体的个人，具有一定的排他性，属于混合物品的范畴，个人可通过市场获得医疗服务。政府出于对公民健康的关注，往往以提供部分资金的方式借助于医疗保险制度参与医疗服务的提供。

公共卫生服务是政府为社会全体居民提供的公益性的卫生干预措施，如预防传染病、接种疫苗、妇幼保健等，主要起疾病预防控制作用。公共卫生服务资金需求量大，不以营利为目的，是一种社会效益回报周期相对较长的服务，私人不愿意提供，主要由政府财政提供。

政府提供医疗卫生服务的必要性主要是由以下几个方面的因素决定的。第一，公平问题。无论人们的收入和财产状况如何，都应该享有充分的医疗卫生服务，生存和接受医疗卫生服务的权利不应交给市场来决定。在市场规则下，人们的收入必然存在差别，低收入者难以防御卫生条件差和疾病风险的侵袭，容易陷入“贫困的循环”。因此政府有必要介入，为公民提供基本的医疗卫生服务，保证人们能够健康劳动。第二，医疗卫生市场的不完全信息。在医疗卫生市场，人们去看病时，所要购买的主要是医生的专业知识或他们所提供的信息，患者要靠医生来决定需要购买哪些药品，是否需要进一步的治疗，等等。医生和患者之间存在着严重的信息不对称，医生是医疗卫生市场的供给者，同时他们又能决定患者对医疗卫生服务的需求，供给与需求不能相互制约，从而会导致医疗卫生市场的效率损失。因此，政府需要介入该市场，对医疗卫生服务进行规制，保护患者的利益不受损。第三，医疗卫生市场中的公共物品和外部性问题。医疗卫生领域的研究，与许多基础科学研究一样，类似于纯公共物品，需要政府给予必要的财政支持。公共卫生领域存在具有正外部性的纯公共物品，如安全饮用水提供、传染病防治等，这些物品具有明显的非排他性，即使不付费也能享受这种服务的利益，私人不会提供或不会充分提供，政府有必要提供相应的公共卫生服务。

各国政府医疗卫生支出的形式主要有三种：一是直接向病人或医院提供医疗补助，二是对企业所提供的医疗保险给予税收优惠，三是允许个人对超过一定水平的医疗费用从个人所得税税基中扣除。

政府在提供医疗卫生服务时存在效率损失的可能性。对于一般商品而言，消费者购买时要支付全部价格，他们必然要求自己的边际收益至少与所付价格（边际成本）相等。而在医疗卫生市场，主要付费的往往是政府或保险公司，即存在第三方付费的情况，消费者仅承担所付费用的一个较小比例。在缺乏竞争压力的情况下，医院有可能通过提高收费标准或医患合谋的方式来谋取利益，造成效率损失。

为矫正医疗卫生服务提供中的低效率，降低医疗卫生服务的成本，必须对传统的医疗卫生服务支出方式进行改革。较为有效的改革措施是提高个人负担医疗卫生费用的比例，使医疗卫生服务成本在政府负担和个人负担之间寻求一个适当的比例，将有助于提高医疗卫生服务的效率。

二、新冠肺炎疫情对我国经济的影响

2020年新冠肺炎疫情在全球肆虐，世界主要经济体的经济都遭受到了重创。世界卫生组织将其列为国际关注的突发公共卫生事件，其对经济造成的危害远远超出2008年国际金融危机的冲击。中国经济在疫情的猛烈冲击下严重受损，2020年经济大幅度下滑，疫情最严重的第一季度国内生产总值同比下降6.8%。随着疫情的逐步缓解，加上国家采取了相关政策予以支持，经济开始有所复苏，第二、三季度分别增长3.2%、4.9%，但是仍低于往年6%—7%的增速，第四季度恢复较好，同比增长6.5%。最后全年国内生产总值比上年增长2.3%，为近年来的最低水平。

（一）新冠肺炎疫情对总需求的影响

总需求包括消费、投资和净出口，新冠肺炎疫情的暴发直接遏制了总需求，对这三方面均产生了较大的不利影响。

1. 消费需求萎缩

国民经济是一个由各环节组成的相互依存、相互影响的有机系统，任何一个环节受到破坏或打击，很快就会传递到其他环节，产生连锁反应，继而对国民经济整体造成影响。新冠肺炎疫情下，首当其冲受到影响的无疑是消费，2020年全社会消费品零售总额391981亿元，比上年下降3.9%，全年最终消费支出拉动国内生产总值下降0.5个百分点，其中餐饮收入额39527亿元，下降16.6%。疫情对消费的影响主要有以下几个方面。第一，疫情制约了消费条件，导致很多消费活动受限。我国政府为有效控制疫情的扩散和蔓延，采取了严格的居家隔离措施。居民无法外出，线下体验类的消费活动无法开展，诸如餐饮、旅游、住宿、线下购物、娱乐等行业受到的冲击比较严重。春节期间，餐馆、商场、超市提前准备了大量的货物来迎接传统的消费高峰，疫情使这些货物大量积压，经营者损失惨重；影院关闭，曾经火爆的春节贺岁档期熄火；旅游市场同样不容乐观，消费者预订的酒店、机票、火车票及其他旅游产品免费退票；铁路、航空等交通运输部门发送旅客大幅减少。根据学者估算，仅春节七天黄金周，餐饮零售大约损失5000亿元，旅游市场损失5000亿元，电影票房损失更是高达70亿元。[①]第二，疫情降低了居民的收入预期，影响了消费能力，从而减少了消费支出。疫情期间众多企业停工停产，一些居民收入受到严重影响，复产复工后的收入预期存在不确定性，导致很多人降低了消费水平。第三，疫情改变了居民的消费结构和消费模式。疫情并非对所有的消费领域都造成负面冲击，生活必需品行业基本保持了平稳发展；与抗疫相关的医疗用品行业逆势上扬，营收显著增长；线上办公、线上学习、线上购物等一系列线上服务领域获得了前有未有的增长空间，增速明显上升。居民的消费结构、消费模式和消费习惯都发生了很大转变。当然少数消费领域的增长仍无法扭转总消费水平的大幅下滑。

2.投资增速下降

2020年全社会固定资产投资527270亿元，仅比上年增长2.7%，增

---

① 李志萌，盛方富.新冠肺炎疫情对我国产业与消费的影响及应对[J].江西社会科学，2020，40(3)：5-15.

长速度明显下降。其中作为固定资产投资重要组成部分的制造业投资持续降温，投资增速已跌至历史低点。2020年1—5月，制造业投资增速为-14.8%，较去年同期回落17.5个百分点，民间投资增速的下滑成为主要拖累因素。投资需求的变动受很多因素的影响：需求侧方面，当前疫情冲击下，国际及国内经济发展环境比较严峻，出口下降，订单大量减少，国内外需求不足影响产品销路和投资预期收益，投资需求下降；供给侧方面，疫情居家隔离期间工人不能如期返岗，造成企业用工短缺，原材料因隔离导致供应链条断裂，不能及时到位，影响企业开工生产甚至无法正常开工。

3.出口需求受挫

在疫情冲击下，全球贸易大幅萎缩，国外订单大批取消。我国第一季度外贸进出口受疫情影响剧烈震荡。据海关总署统计，2020年1—2月进出口贸易额4.1万亿元，同比下降9.6%，其中出口额2万亿元，同比下降15.9%。[①]第一季度过后，由于我国疫情逐步得到控制，对外贸易情况有所好转，最终全年货物贸易进出口总值32.16万亿元，比2019年增长1.9%，成为全球唯一实现货物贸易正增长的主要经济体。其中，出口17.93万亿元，增长4%；进口14.23万亿元，下降0.7%。服务贸易不容乐观，2020年服务进出口总额45643亿元，比上年下降15.7%。我国积极开展国际抗疫合作，向全球200多个国家和地区提供和出口防疫物资，同时出口笔记本电脑等“宅经济”产品，满足各国人民疫情期间居家工作和生活需要，尽量抵消疫情对我国国际贸易的不利影响。

（二）新冠肺炎疫情对总供给的影响

受新冠肺炎疫情隔离防控措施的影响，物资供应链条断裂，工人返工返岗不畅，企业订单大幅减少，生产和销售活动被迫中断，企业营业收入

① 蔡春林，张霜.新冠肺炎疫情过后广东外贸企业复工稳产的建议［J］.广东经济，2020（3）：14-21.

锐减，众多中小企业陷入经营困境，产品和服务的供给受到严重影响。与此同时，高额的房屋租金、职工工资、职工保险、银行贷款、各种税费等构成了企业沉重的支出压力，造成企业资金周转困难，债务违约风险加大。2020年，中国中小企业协会调研显示，近67.69%的企业反映营业收入减少，21.61%的企业无法及时偿还贷款等债务，86.22%的企业账上资金无法支撑3个月以上，只有9.89%的企业反映可以支撑半年以上。[①]企业普遍面临资金短缺、融资困难，客流减少、市场萎缩、经营困难的窘境。

（三）新冠肺炎疫情对财政收支的影响

新冠肺炎疫情的防控主要以财税政策为主，在财政增支和减收的双重作用下，财政一般预算的收支缺口明显放大。2020年，全国一般公共预算收入182895亿元，比上年下降3.9%。其中税收收入154310亿元，比上年下降2.3%。全国一般公共预算支出245588亿元，比上年增长2.8%，财政赤字达6.3万亿元。全年新增减税降费超过2.5万亿元。

1.增加用于疫情防控和医疗救治方面的财政支出

疫情发生以来，财政部门全力以赴支持抗击新冠肺炎疫情，一是各级财政拨付疫情防控资金，确保各地不因资金问题影响百姓就诊和医疗救治。2020年，全年各级财政疫情防控资金支出超过4000亿元。二是财政兜底免费救治患者。对患者不分年龄、性别、贫富、轻症重症，一律免费治疗，中央财政对地方财政按实际发生费用的60%进行补助。三是奖励医务人员。对参加防治工作的医务人员和防疫工作者，中央财政按风险程度分别给予每人每天300元、200元的临时性工作补助，湖北一线医务人员补助标准翻倍。四是支持疫情防控药物和疫苗研发方面的科研攻关。五是支持复工复产。对疫情防控重点保障企业，中央财政对专项再贷款给予50%的贴息。

---

① 兰海燕.新冠疫情对我国中小企业的影响［J］.商业文化，2020（23）：29-30.

2. 应对疫情的阶段性减税降费政策

为做好疫情防控工作，从2020年1月1日起，财政部和国家税务总局联合推出了一系列减税降费政策“组合拳”。一是对重点防疫物资的生产、进口、运输提供减免企业所得税和增值税的支持。二是对受疫情影响较大的困难行业企业调整企业所得税政策，允许2020年度发生的亏损，最长结转年限由5年延长至8年。三是对和百姓生活密切相关的交通运输、生活服务、生活物资快递收派服务取得的收入免征增值税。四是对参加疫情防治工作一线工作人员的补助免征个人所得税。五是出台鼓励企业和个人进行公益性捐赠的税收政策。六是对小规模纳税人减征增值税，湖北省内的小规模纳税人免征3—5月的增值税，其他地区征收率由3%降至1%。七是从2020年2月8日起，国务院决定阶段性减免企业社保费用。八是免征2020年民航企业缴纳的民航发展基金。2021年，随着经济稳步恢复增长，在阶段性减税降费政策有序退出的同时，继续加大对小微企业和制造业科技创新的支持力度，并继续清理收费基金，取消港口建设费、降低航空公司民航发展基金征收标准。以上一系列减税降费措施为帮助企业纾困、减缓疫情对经济社会的冲击、恢复生产生活起到了强有力的作用，但同时也造成了财政收入的下降。

同时，受疫情冲击和中美贸易战的后续影响，宏观经济增长乏力，企业增收困难，也会影响财政收入的规模。财政增支和减收的因素叠加，加剧了财政收支矛盾，提升了财政赤字率。

三、新冠肺炎疫情暴露医疗卫生支出的短板

2019年年底，新冠肺炎疫情首先在湖北武汉集中暴发。疫情初期持续暴增的感染者使武汉的医疗系统承受巨大压力，有限的医疗资源难以承受不断暴增的患者。后来在党中央和国务院的坚强领导和高效部署下，以全国的医疗资源驰援武汉及湖北省其他地区，最终使所有的感染者应收尽收、应治尽治，化解了这场公共卫生危机，取得了抗疫的阶段性胜利，但

同时也暴露了我国医疗卫生系统的不足。

（一）医疗卫生投入总量不足

改革开放以后，我国建立了覆盖城乡的医疗卫生服务体系，居民平均预期寿命不断提高，婴儿死亡率和孕产妇死亡率等主要健康指标不断下降，达到了发展中国家的先进水平。随着经济社会的全面发展和人民生活水平的提高，人民群众对身心健康和生活品质的要求越来越高，对医疗卫生服务的水平和质量也提出了越来越高的要求，政府医疗卫生服务需要跟上时代的步伐与时俱进。我国近些年来逐渐加强了对医疗卫生领域的投入力度，政府医疗卫生支出从2011年的6429.51亿元增长到2020年的19201.22亿元，增长了近两倍。医疗卫生支出占财政支出的比重稳步上升，从2011年5.89%提升至2020年的7.82%，增长了1.93个百分点，如表7-1和图7-1所示。政府医疗卫生支出无论是绝对规模还是相对规模都在稳步提高，反映了政府对医疗卫生服务的重视程度在加强。但是从动态指标分析，医疗卫生支出的年增长率从2014年之后逐步下滑，增长速度明显放缓，难以满足人民群众日益增长的卫生需求，直到2020年新冠肺炎疫情暴发才迅速提高了增速。

表7-1　2011—2020年国家财政医疗卫生支出

年份（年）	2011	2012	2013	2014	2015	2016	2017	2018	2019	2020
年增长率（%）	33.83	12.69	14.28	22.91	17.46	10.09	9.82	8.12	6.67	15.22
占财政支出的比重（%）	5.89	5.75	5.91	6.70	6.80	7.01	7.12	7.07	6.98	7.82

资料来源：《中国统计年鉴（2020）》。

同时，我国医疗卫生支出与国际水平相比还处于较低的水平，医疗卫生投入总量仍显不足。2000年我国全部医疗卫生支出占GDP的比重为4.47%，2017年这一指标为5.15%，远低于世界9.5%左右的平均水平。加

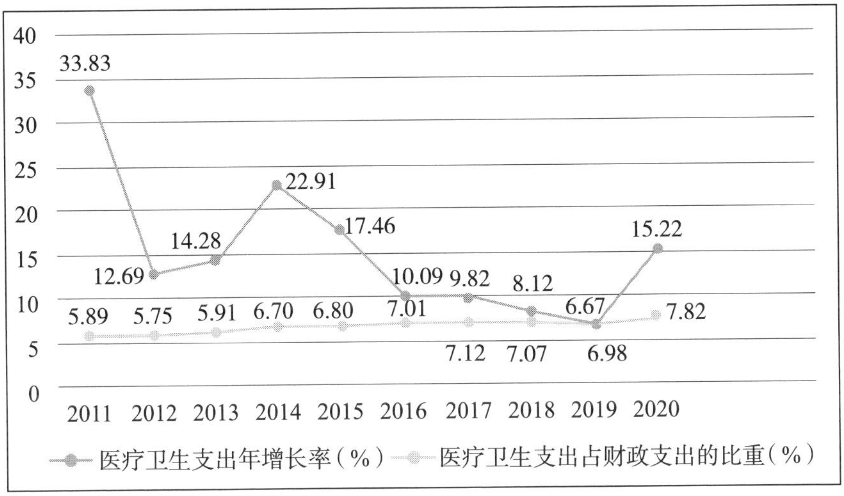

图7-1　2011—2020年国家财政医疗卫生支出示意图

之我国人口规模较大，人均医疗卫生水平偏低。2017年我国按购买力平价计算的人均医疗卫生支出为364.42美元，韩国为1270.22美元，新加坡为2211.65美元，美国更是高达5106.59美元，是我国的14倍。[①]

（二）医疗卫生支出结构不合理

1.卫生费用在政府、社会及个人之间分配不当

如表7-2所示，我国医疗卫生条件持续改善。卫生总费用由2011年的24345.91亿元增长到2019年的65841.39亿元，9年间增长了1.7倍。卫生总费用占GDP的比重由2011年的4.99%提高到2019年的6.67%，从2012年就已超出世界卫生组织对发展中国家卫生总费用占GDP比重不应低于5%的要求，实现了逐年稳步增长。从卫生总费用的结构看，政府、社会及个人这三方主体的分配格局有所变化，从大体上“三分天下”的格局演变为以社会卫生支出一方为主的格局。其中政府卫生支出和个人卫生支出占卫生总费用的比重都呈现缓慢下降的趋势，社会卫生支出占卫生总费用的比重则呈明显上升趋势，并显著高于政府卫生支出和个人卫生支出的比重。

① 严亚雯.突发公共卫生事件下财政医疗卫生支出的研究：基于非典疫情与新冠肺炎疫情的比较［J］.西部财会，2020（5）：10-14.

对比非典疫情发生前的2000年，政府、社会及个人卫生支出占卫生总费用的比重分别为15.5%、25.5%和59%，20年来个人卫生支出比重大幅下降，反映了人民群众的医疗负担在逐渐减轻，符合民生改善的要求。政府卫生支出规模从非典疫情之后有了明显的增加，但与发达国家相比还有很大差距，政府卫生支出占卫生总费用的比重偏低。

表7-2　2011—2019年我国卫生总费用

年份（年）	卫生总费用（亿元）	占GDP比重（%）	卫生总费用来源构成（%）		
			政府卫生支出	社会卫生支出	个人卫生支出
2011	24345.91	4.99	30.66	34.57	34.77
2012	28119.00	5.22	29.99	35.67	34.34
2013	31668.95	5.34	30.14	35.98	33.88
2014	35312.40	5.49	29.96	38.05	31.99
2015	40974.64	5.95	30.45	40.28	29.27
2016	46344.88	6.21	30.01	41.21	28.78
2017	52598.28	6.32	28.91	42.32	28.77
2018	59121.91	6.43	27.74	43.65	28.61
2019	65841.39	6.67	27.36	44.28	28.36

资料来源：《中国统计年鉴（2020）》。

2. 医疗卫生支出科目之间的资金分配尚需调整

以2019年全国一般公共预算支出决算表为例，卫生健康支出共包括财政对基本医疗保险基金的补助、公立医院、公共卫生、计划生育等九项内容。其中，2019年支出最多的项目是财政对基本医疗保险基金的补助，为5863.56亿元，占卫生健康支出的比重达到35.18%；其次是公立医院支出2538.38亿元，比重为15.23%；再次是公共卫生支出2211.59亿元，比重只有13.27%，可见公共卫生支出所占比重偏低。公共卫生支出包括基本公共卫生服务、重大公共卫生专项、疾病预防控制机构、突发公共卫生事件应急处理等11项内容。其中基本公共卫生服务是公共卫生中支出最大的项目，2019年该项目占公共卫生支出的比重为42.60%；其次是疾病预防控制机构支出，占比为18.52%；重大公共卫生专项排在第三位，占比为10.69%；突发公共卫生事件应急处理支出占比最低，仅有0.32%。从动态来看，突发公共卫生事件应急处理支出在公共卫生支出中的比重从2010年的2.17%降至2019年的0.32%，反映了国家对突发公共卫生事件的重视程度不够。从以上数据可知，我国医疗卫生支出中公共卫生支出比重不高，而公共卫生支出中用于重大公共卫生专项和突发公共卫生事件应急处理方面的开支也偏低。这种支出结构难以应对重大突发疫情的冲击，尤其是近年来频繁发生的公共卫生事件对我国的医疗卫生体系构成了较大的挑战，因此需要适时调整医疗卫生支出科目的结构安排，更好地促进医疗卫生事业的发展。

3. 医疗卫生支出的城乡差距

我国城乡之间、区域之间和不同社会阶层之间医疗卫生服务水平差距较大。城市和大医院集中了优质的医疗卫生资源，而广大农村地区医疗卫生资源十分有限，农村居民难以就近享受到方便、高水平的医疗卫生服务。虽然新冠肺炎疫情主要发生在城市地区，但是现代社会人员流动频繁，农村地区防疫形势同样十分严峻，而农村地区脆弱的医疗卫生系统成为疫情防控的薄弱环节。从医疗卫生机构的建设来看，近年来农村地区卫生机构数量在逐年减少，规模逐渐下降。例如2010—2020年间，乡镇卫生院从37836个缩减到36000个；村卫生室从648424个减少到610000个。与此同时，城市社区卫生服务中心（站）和门诊部的数量呈逐年增加的态势，其中城市社区卫生服务中心（站）从32739个增加到35000个，门诊部从181781个增加到290000个。城乡卫生机构建设呈现截然相反的两种态势，农村卫生机构的减少不利于农村居民就近诊疗。另外，从卫生费用来看，城乡的卫生总费用和人均卫生费用都在逐年增加，但是城乡之间卫生费用的差距十分明显。就卫生总费用而言，2010—2016年间，城市卫生费用与农村卫生费用之比由3.47倍变为3.26倍，城乡人均卫生费用之比由3.48倍降至2.42倍。无论是着眼于防控新冠肺炎疫情的当下，还是考虑到乡村振兴的需要，农村医疗卫生服务都需要强化。

四、优化医疗卫生服务体系建议

（一）增加政府医疗卫生支出，加强公共卫生应急机制建设

如前所述，我国在公共卫生领域的投入偏低，尤其是在财政分权体制下，医疗卫生支出的绝大部分由地方财政负担，地方政府倾向于将财政资金更多地运用于能明显产生经济效益的部门，而忽视对卫生防疫方面的投入。随着近年来公共卫生事件的频发，迫切需要我国政府增加在公共卫生领域的投入力度。尤其是新冠肺炎疫情在全球的蔓延，显示其不会在短期内消亡，我国应做好长期与病毒共存的准备，不断健全和完善医疗卫生体系，建立突发公共卫生事件应急机制，增强财政应对和抵御风险的能力。新冠肺炎疫情暴发初期的湖北省重灾区，明显暴露出医疗急救设备及医用物资短缺、医护人员配备严重不足、地区之间医疗卫生资源配置不均衡、农村地区医疗卫生资源匮乏等一系列问题。幸运的是，我国迅速调动了全国的医疗卫生资源驰援武汉及湖北其他地区，解决了当地面临的难题，取得了抗疫斗争的阶段性胜利。然而此次疫情也警醒我们增加公共卫生投入、建立长效公共卫生应急机制的重要性，它不仅能为突发公共卫生事件提供紧急保障，而且可以有效地将事件造成的经济损失降到最低。

我国医疗卫生支出占财政支出和GDP的比重与国际平均水平相比都明显偏低，这与民众对医疗卫生的巨大需求不相协调。我国人口规模巨大，人口老龄化现象严重，环境污染和食品安全问题对人民群众的身体健康造成不良影响，优质的医疗卫生资源供给紧张，全球化背景下重大传染病的传播和扩散越来越难以防范和控制等问题，使得我国医疗卫生服务的供需

矛盾比较突出。因此需要增加医疗卫生支出的供给总量，提高医疗卫生服务的质量，推进全国基本医疗卫生服务的均等化，以更好地促进医疗卫生事业的发展，提升国民的健康水平。

（二）调整医疗卫生支出结构

1.调整卫生费用在政府、社会及个人之间的分担比例

我国与OECD（经济合作与发展组织）国家相比，政府卫生支出占卫生总费用的比重偏低，加重了个人和社会医疗卫生支出的负担。考虑到公民享受医疗卫生服务的公平性、医疗卫生市场的不完全信息及外部性问题，政府在医疗卫生体系的建设中应发挥主导作用，承担主要的支出责任。鉴于我国庞大的人口规模和发展中国家的基本国情，由政府承担主要的医疗卫生支出不太现实，但是有必要稳步提高政府医疗卫生支出的比重，加大政府对医疗卫生领域的投入，切实减轻社会和个人的医疗负担。

2.调整医疗卫生支出科目之间的资金分配

在一般公共预算中，我国公共卫生支出比重偏低，公共卫生支出中的突发公共卫生事件应急处理支出占比更低，这对于应对诸如新冠肺炎疫情这样的重大公共卫生事件非常不利。因此，有必要对卫生保健支出结构进行优化调整，增加公共卫生事件事前预防阶段的资金投入，加强公共卫生防疫体系的建设，增强预防方面的保障，可大大减少事后的资金投入和危害程度。

3.缩小城乡之间医疗卫生服务差距

我国优质医疗卫生资源过度向城市集中，农村地区医疗卫生事业发展严重滞后，医疗服务水平差，成为防疫体系的薄弱环节。为此政府应增加对农村地区医疗卫生服务的供给，增强基层疫情防控能力的建设，强化基层防疫资金和物资保障，构筑城乡一体的防疫体系，防范公共卫生风险，保障人民群众的身体健康。

案例讨论

1.新冠肺炎疫情对中国及世界经济造成了哪些冲击?

2.结合案例说明我国医疗卫生支出存在哪些问题?

3.政府为什么要提供医疗卫生服务?

4.我国政府在应对新冠肺炎疫情方面有哪些成功的经验?

5.政府应如何改善医疗卫生服务?

案例 8

碳排放权交易市场正式启动

案例描述

全国统一碳排放权交易市场今天正式启动

2021年7月16日上午，全国统一的碳排放权交易市场正式启动，这意味着我们国家全国性的碳排放权交易拉开了序幕。据上海能源环境交易所统计，全国碳市场开盘价48元/吨，最高价52.8元/吨，最低价48元/吨。首日成交量410.40万吨，成交额逾2.1亿元，成交均价51.23元/吨。中国石油、中国石化、华能集团等企业参与了中国碳市场首日交易。

碳排放权交易是我们国家正在推进的碳达峰碳中和行动的一个重要的政策工具，是国家推进经济社会全面绿色转型的一个重要组成部分。那么什么是碳排放权，这个市场又是如何来运转的呢?

人类在生产和生活中消耗了大量的化石能源，同时会排放出一定数量的二氧化碳。二氧化碳是温室气体的重要组成部分，会导致全球气候异常。碳排放权交易实际上是把二氧化碳的排放权当作商品来进行买卖，通过这种市场行为达到控制碳排放总量的目的。

碳排放权交易并不是今天刚刚出现的新鲜事物，伴随《京都议定书》正式生效，2005年碳排放权的商品属性正式确立。目前，欧盟、美国、新西兰、韩国等地都建立了国家或地区性的碳排放权交易市场，中国也从

2011年开始在北京、上海、广东、湖北等7个省市开展了碳排放权交易试点。今天，中国统一的碳排放权交易市场启动后，覆盖的排放量超过40亿吨，将成为全球最大的碳市场。

谁是这个市场的主角?

目前一共有两千多家企业被纳入了这个全国性的碳排放权交易市场中，而且都是清一色的火力发电企业。为什么这样选择？后续还会有哪些行业和领域也被纳入碳排放权交易呢？

首批纳入碳排放交易系统的2225家履约企业都是年综合能耗在1万吨标准煤以上的火力发电企业，基本上涵盖了我国绝大多数的火力发电企业。

生态环境部应对气候变化司司长李高说："发电占我们国家（碳）排放的比例较高，从发电行业来开展这个碳排放交易，对于我们全国控制碳排放有很大的作用。另外一个方面就是发电行业整体相关的管理水平比较高，那么相关的一些技术和数据基础比较好，通过发电行业为突破口，我们可以进一步积累相关的经验，能够把碳市场逐步地更加完善。"

据了解，随着我国碳排放权交易市场逐渐成熟稳定，在"十四五"期间，预计石油、化工、建材等八大重点能耗行业都将逐步被纳入这个市场中，涵盖我国重要的能源和工业领域。

碳排放权如何交易?

市场有了，企业也有了。但作为交易的主要内容，这个二氧化碳排放，既看不见又摸不着，怎么来交易呢？国家又是怎么通过这种市场行为达到控制和减少碳排放的目的呢？其实有关部门已经设计了一套完善科学的评估和交易方式。

目前我国仍然处在工业化的进程中，未来对能源的需求还会继续增加。如何在这种前提下促进社会节能减排？

在以前，国家主要通过行政手段对各地区各行业的碳排放量进行总体管控和约束。碳排放权交易启动后，市场机制被引入进来。进行碳排放权交易首先需要政府部门确定一段时间内的碳排放总量目标，再将总量分割成若干特定额度，通过免费分配等方式，将这些额度分配给碳市场内需要减排的企业。一句话，碳排放权交易主要是以市场手段对企业的碳排放额度进行调配。

举个简单的例子，某个企业，每年的碳排放配额为1万吨，如果企业通过技术改造，碳排放量减少为8000吨，那么多余的2000吨，就可以在碳市场上出售。

而其他企业因为扩大生产需要，原定的碳排放配额不够用，就可以在市场上购买这些被出售的额度。这样既控制了碳排放总量，又能鼓励企业通过优化能源结构、提升能效等手段实现减排。

企业碳排放量如何核算?

作为碳排放权交易市场的交易标的，碳排放权是如何核算的呢?如何确保企业核算数据的准确性呢?

中国社会科学院生态文明研究所所长庄贵阳说："现在全国有很多这种碳排放量的这种核查机构，这些机构都需要在国家的主管部门和地方的主管部门进行备案，它有资质了才能进行核查。"

任何企业生产都离不开燃烧化石能源或使用电能。核查机构会对企业内所有化石能源燃烧产生的直接碳排放，和用电产生的间接碳排放进行核算，得出一个接近于企业实际碳排放量的数据。

与污染物排放不同，碳排放目前很难在线监测，所以核算数据的准确性尤为重要。如何杜绝企业或核查机构为了利益而造假的行为，还需要采取制度上的措施。

配额和碳价 促进节能减排的两个杀手锏

既然这个碳排放权可以购买了，那么企业核算发现自己碳排放超标了，直接到市场上购买不就行了？这是否就减弱了企业节能减排的动力呢？专家介绍，其实通过碳排放配额和碳价的调控，就可以解决这些问题。

碳排放权交易，归根结底还是一种带有金融性质的政策性工具。需要特别指出的是，它并不鼓励企业花钱买配额完成任务，而是通过市场手段来促使企业逐步降低碳排放强度。

在企业进入市场之初，碳排放配额就像一个紧箍咒一直制约着企业的碳排放行为。碳排放配额的分配主要是靠行政手段。每年根据宏观经济的发展、节能减排技术的进步，以及国家应对气候变化政策的发展，对分配给各企业的碳排放配额进行调整，促使企业不断提升能源利用效率。

除了配额的约束作用，碳价的变化也是促使企业不断节能减排的一个重要因素。

促进企业节能改造 加大清洁能源投入

为了筹备加入这个全国性的碳排放权交易市场，很多发电企业从几年前就开始准备，这些企业目前的准备情况怎么样呢?

内蒙古呼伦贝尔的伊敏电厂年发电量165亿千瓦时。2018年国家启动碳排放权交易筹备工作，电厂委托第三方碳资产公司对碳排放强度进行核算，发现如果要达到国家分配的配额，需要把碳排放量控制在现有量的85%。

如果不进行节能改造，碳市场启动后，企业每年都需要花巨资购买碳排放配额。于是从2018年开始，伊敏电厂投资8500万元，先后进行了一系列技术改造，每年可节约标煤5万吨。

在浙江玉环，华能浙江玉环电厂100兆瓦海上光伏发电项目正在抓紧建设。作为传统的火电厂，华能浙江玉环电厂从2011年起就十分重视节能减排改造，到国家碳排放权交易筹备工作启动时，企业的碳排放量已经比国家分配的配额标准低了一百多万吨，这些节省下来的配额都可以在碳排放权交易市场上出售。

按照国家政策，发电企业发展清洁能源，可以获得“绿色电力证书”，降低的碳排放量可以转化为企业的碳排放额度。

玉环电厂提出在“十四五”期间从传统的煤炭发电为主转变为“水、

火、风、光”一体化的绿色电网。海上光伏发电项目建成后年发电量约1.4亿度，每年将节约标煤约4.43万吨，为企业增加11万吨的碳排放配额。

市场不是万能的 还需政策手段综合发力

实现“碳达峰、碳中和”，仅靠碳排放权交易这一种市场手段显然并不能有效解决所有问题。专家认为，目前还需要政府“看得见的手”和市场“看不见的手”共同发力，从供需两端推动经济社会绿色低碳转型。

专家介绍，目前我国碳市场正处于一个初步的发展阶段，参与的行业和企业比较有限，主体不够丰富，对于节能减排的激励和约束作用还不是很明显，未来国家还应该采取财政、金融、税收等手段，与市场手段形成合力，约束企业的碳排放行为。

（案例来源：盛云、王晨《碳排放权交易市场今日正式启动！谁是主角？如何交易？》，央视新闻客户端，2021年7月16日；《超千亿碳市场从此开启——全国碳市场首日上线成交额2.1亿元》，《腐植酸》2021年第4期。）

案例评析

一、理论基础和制度基础

二氧化碳等温室气体的排放是全球性的环境问题，其产生的温室效应会导致全球气候变化，长此以往将对自然生态系统造成严重危害，并威胁人类的生存和发展。二氧化碳排放（简称“碳排放”）具有明显的负外部性，经济主体的活动产生了二氧化碳，对其他主体和外部环境产生了负面影响，却没有给予任何赔偿，其产生的原因在于经济组织生产的私人边际成本低于社会边际成本。

负外部性问题会引发市场失灵，降低资源配置效率。对碳排放这类负外部性的矫正可以运用多种手段。一是政府管制。政府通过制定排放标准、规定企业的排放量、调整污染工业的布局等直接进行环境管制。其优点是时间短、见效快、力度大，缺点是制定和执行决策的成本高、容易产生官僚主义和行政效率低下等问题。二是征收碳税。政府通过征税，使私人成本与社会成本一致。污染企业可自行选择排放量，政府对企业排出的每一单位污染物进行课税。碳税的征收，一方面督促污染企业减少污染物排放，另一方面可将取得的税收收入补偿负外部性的受害者。同时征税可以激励纳税人更多地从事污染物减排的技术创新和转型升级，实现绿色低碳的发展目标。这种措施比政府管制的成本要低，但缺点是政府难以全面掌握污染物排放的私人成本和社会成本的各种信息，从而难以确定适当的税率。三是排污权交易。在一定的区域内，赋予企业合法的排污权，在将污染物排放总量控制在允许排放量范围内的前提下，区域内各企业可以通过货币形式调剂污染物排放量，即排放超标的企业可以购买低于控排目标企业的配额，以实现节能减排的目的。其实质是将排污权作为商品买入和卖出，从而控制污染物的排放。碳排放权交易是排污权交易的形式之一。

所谓碳排放权，是指权利主体为了生存和发展的需要，由自然或法律赋予的向大气排放温室气体的权利。①碳排放权通常以权利主体在参与工农业生产和能源消费过程中排放的温室气体总量来计量，反映了权利主体对气候环境资源的使用权，包括可供碳排放权和所需碳排放权两类。在《京都议定书》中，将氧化亚氮、氢氟碳化物、二氧化碳、甲烷、全氟化碳、六氟化硫这六种气体确定为温室气体，由于二氧化碳占据绝对主导地位，因此温室气体排放权简称碳排放权。因为各国碳排放总量有上限，各国政府将碳排放量分解到各个企业时，就形成了每个企业的碳排放配额，即碳排放权。企业所拥有的碳排放配额是有限的，于是碳排放权就具有了商品属性，可以用来交易，从而产生了碳排放权交易。由此形成的市场就

① 吕建中.以碳排放权交易市场机制助推绿色低碳转型［J］.世界石油工业，2021，28（4）：1-6.

是碳排放权交易（简称“碳交易”）市场，即以碳排放权为交易标的的市场，以每吨二氧化碳当量为计量单位。碳排放权交易提供了以市场机制解决碳排放这类外部性问题的手段。

碳排放权交易的理论基础源于科斯定理，它提出了通过明晰产权、借助市场交易活动解决外部性问题的全新思路。科斯在1960年发表的《社会成本问题》一文中表达了科斯定理（“科斯定理”这一术语由乔治·斯蒂格勒于1966年首先提出）的基本含义。科斯第一定理认为，如果交易成本为零，不管权利如何界定，都可以通过市场的交易活动和权利买卖者的互定合约而使资源配置达到帕累托最优。[①]科斯第二定理认为，如果交易成本大于零，不同的权利界定，会带来不同效率的资源配置。如果明确界定产权，交易双方就可以选择对自己最有利的交易方式，使交易成本最小化，从而通过交易来解决各种外部性问题。

根据科斯定理，明确赋予企业碳排放权（规定碳排放配额），一些企业碳排放量高于碳排放配额，另一些企业碳排放量低于碳排放配额，当交易成本低于减排成本时，这些企业之间便可通过碳排放权交易调剂余缺使双方获利。这种方式将碳排放与企业的经济效益挂钩，企业通过技术革新减少碳排放，积攒了碳排放配额，就可以在碳交易市场出售配额获得收益；反之，如果企业碳排放超标，就只能花钱去购买其他企业的碳排放配额，补齐自身的碳排放缺口。碳排放权交易通过经济利益的激励，刺激企业改进生产方式，提高生产技术，启用新工艺，主动减少碳排放量，从而实现节能减排、绿色低碳发展的目标。

碳排放权交易和碳税是两种为解决公共物品的外部性而采取的政策手段。前者是数量导向的政策工具，政府先确定总体排放数量，然后通过市场确定价格，借助供求关系和价值规律，实现资源的优化配置；后者是价格导向的政策工具，通过向企业强制征收碳税，相当于规定了碳的价格，

① 李春根，廖清成.公共经济学［M］.武汉：华中科技大学出版社，2007：105.

然后由市场确定总体排放数量。相对于碳排放权交易，碳税的管理和运行成本低，不需要复杂的交易产品、交易流程、交易规则等市场设计，能够增加政府收入，但缺点是作为一个税种，法治性、规范性强而灵活性差，合理的碳税税率难以确定，未来的减排效果存在不确定性，难以解决跨国界的碳减排问题。碳排放权交易则很好地解决了碳税减排效果不确定的问题，作为数量导向的政策工具，碳排放总量可控，可精准达成碳减排指标和任务。政策的制定和调整简单灵活，虽然具有市场监管成本较高的缺点，但这种灵活的以市场为基础的具有减排激励机制的政策受到了很多国家的欢迎并将其付诸实践。

由于碳排放的负外部性以及对全球气候变化的严重影响，需要国际社会携起手来共同应对。1992年联合国通过了《联合国气候变化框架公约》，确立气候变化的最终目标是："将大气中温室气体的浓度稳定在防止气候系统受到危险的人为干扰的水平上。"1997年12月在日本京都签订了旨在限制温室气体排放的《京都议定书》，并于2005年2月16日正式生效。《京都议定书》不仅规定了发达国家的减排义务，还提出了三种灵活的履约机制，即国际排放权交易（IET）、联合实施机制（JI）及清洁发展机制（CDM），这些减排机制为碳排放权交易市场的形成和发展奠定了基础。2016年，全世界178个缔约方共同签署了《巴黎协定》，承诺将全球气温较前工业化时期升高幅度控制在2℃以内，并力争把升温幅度限制在1.5℃以内。此后国际社会纷纷采用市场化手段促进碳减排行动，如今碳排放权交易已经成为国际社会应对全球气候变暖的主要手段。据国际碳行动伙伴组织（ICAP）报告，截至2020年年底，全球已运行的国家和地区碳交易体系有21个，覆盖的温室气体排放量约占全球排放量的18%，覆盖人口约占全球人口的1/6。[①]

---

① 吕建中.以碳排放权交易市场机制助推绿色低碳转型［J］.世界石油工业，2021，28（4）：1-6.

二、碳排放权交易体系构成的核心要素

从2002年英国创建世界上第一个国家性的广泛的温室气体排放权交易机制以来，一些主要发达经济体纷纷推出本国的碳交易体系，碳排放交易在全球快速发展，并有望超越石油市场，成为世界第一大交易市场。从世界上主要碳交易体系的成功经验来看，碳排放权交易体系的核心要素至少包括以下几个方面。

（一）完备的法律基础

由政府强制设立的碳排放交易市场，其健康运行离不开完善的法律法规做基础。例如欧盟温室气体排放交易体系（简称“EU ETS”）将《欧盟气候变化计划》《欧盟排放交易指令》作为其法律基础，从覆盖范围、配额分配、抵消机制、市场调控到检测、报告、核查、履约等环节都有严格的制度规定。美国加利福尼亚州早在2006年就通过了《全球温室效应治理法案》，以法律的强制力来规范碳排放交易市场的发展。[①]

（二）合理设定碳排放配额

给每个控排企业设定科学合理的碳排放配额是进行碳排放权交易的核心。根据国家碳排放现状，制定全国碳排放上限，然后根据不同行业的特点，对控排企业进行配额分配。碳排放配额的分配有免费分配方式、竞价拍卖方式、免费分配与竞价拍卖相结合等多种方式。碳排放配额确定方法有“历史法”（按企业历史排放量来确定）和“标杆法”（以行业先进值为标杆来确定）等，并呈现出由“历史法”向“标杆法”演进的趋势，配额制定越来越严格。

（三）完善的监测、报告及核查体系

控排企业的碳排放数据主要由两部分组成：一是企业生产所需要的化

---

① 冯登艳.国内外碳排放市场建设经验及对河南省的启示［J］.征信，2018，36（7）：59-65.

石能源燃烧产生的直接碳排放，二是企业用电产生的间接碳排放，二者加总就是企业实际碳排放量。由于碳排放很难在线监测，所以核算数据的准确性非常重要，它是企业配额分配和履约的依据，是确保碳排放权交易市场健康、有序发展的前提。目前成熟的碳交易市场都建立了可靠而完善的碳排放监测、报告及核查（MRV）体系，并引入专业的第三方机构对相关报告进行核查，保证数据真实透明。

（四）开发多样化的碳金融产品

只有开发大量丰富的碳金融产品，才能吸引各类金融机构如商业银行、保险公司、对冲基金、资产管理公司以及工业企业参与其中，促进市场交易的活跃度，提升市场的流动性，保障市场健康发展。欧洲能源交易所和欧洲气候交易所自2005年碳市场成立后，推出了碳期货、碳远期、碳掉期和碳期权等产品，丰富了碳交易市场。国内的碳交易试点先后推出了碳基金、碳债券、跨境碳资产回购、绿色结构性存款、碳远期交易等近20种碳金融产品[①]，促进了碳市场的发展。

（五）健全的调控机制

碳排放权交易市场是人为设计和控制的市场，碳排放配额具有标准化、数字化、虚拟化的特点，进入市场后碳配额价格波动频繁，对市场监管能力要求很高。维持这样一个市场的稳定运行，需要政府部门对市场运行的各个环节进行有效监管，合理调控碳配额价格，维持碳价合理稳定。

三、我国碳排放权交易发展历程

中国作为“世界工厂”，能源消耗量和二氧化碳排放量均处于世界前列，2006年更是超越美国，成为全球最大的二氧化碳排放国。为此我国政府高度重视节能减排工作，并向国际社会做出减排承诺，积极应对气候变

① 冯登艳.国内外碳排放市场建设经验及对河南省的启示［J］.征信，2018，36（7）：59-65.

化。2011年10月29日，国家发改委办公厅发布了《关于开展碳排放权交易试点工作的通知》，文件指出为落实“十二五”规划关于逐步建立国内碳排放交易市场的要求，在北京、上海、天津、重庆、湖北、广东和深圳七个地区开展碳交易试点，碳交易市场的启动工作正式开始。文件要求各试点地区建立专职工作队伍，安排试点工作专项资金，编制试点实施方案和管理办法，培养和建设交易平台，保障试点工作顺利开展。2013年6月18日，深圳碳交易平台正式上线交易，深圳市能源集团有限公司向广东中石油国际事业有限公司和汉能控股集团有限公司各售出1万吨碳排放配额，达成了我国首笔碳排放权交易。随后北京、上海也陆续开展碳排放挂牌交易。截至2014年6月，7个试点地区均已正式成立碳交易市场。2016年12月底，增加福建省作为我国第8个碳交易市场试点。开展碳交易试点以来，交易额稳步上升，截至2020年12月31日，全国共完成碳交易总量4.45亿吨，交易总额104.31亿元。从试点所涉及的行业来看，各地纳入市场交易的行业有所不同，但普遍包括电力、热力、石化、钢铁等碳排放量较高的行业。试点工作的开展，为我国碳减排积累了宝贵的经验，取得了显著的成效，碳排放总量和排放强度保持了明显的双降趋势。

2021年3月，生态环境部发布《碳排放权交易管理暂行条例（草案修改稿）》（征求意见稿），并向社会公开征集意见，这标志着我国向碳交易立法迈出了重要一步。经过多年试点之后，2021年7月16日，全国统一碳排放权交易市场在上海环境能源交易所正式启动。碳排放权交易市场采取“双城模式”，交易中心设在上海，由上海环境能源交易所承担交易系统账户开立和运行维护等工作。碳配额登记结算中心设在武汉，由湖北碳排放权交易中心承担注册登记系统账户开立和运行维护等工作。全国统一碳排放权交易市场自7月16日启动以来，交易量总体稳定，交易价格逐步攀升，据上海环境能源交易所数据显示，交易所首日碳排放配额挂牌协议交易成交量410.4万吨，成交额达到2.1亿元。从覆盖行业来看，按照循序渐进的发展思路，未来将纳入全国碳市场的高能耗行业包括电力、石化、化工、建材、钢铁、有色金属、造纸和民航等。从交易产品来看，交易初期仅开展了配额现货交易，未来“将根据需要丰富交易品种和交易方式”，推出远期合约等其他交易品种。从交易主体来看，除了控排企业以外，待条件成熟后还将纳入机构投资者和个人投资者。随着碳排放交易制度的日趋完善，我国碳排放交易市场有望成为全球规模最大的碳交易中心。

四、引申思考

2020年9月22日，国家主席习近平在第75届联合国大会上宣布：“中国将提高国家自主贡献力度，采取更加有力的政策和措施，二氧化碳排放力争于2030年前达到峰值，努力争取2060年前实现碳中和。”中国在应对气候变化问题上显示了应有的担当和作为。要实现2030年碳达峰、2060年碳中和的目标，我国面临着多重考验：常年的经济高速增长，对能源的需求旺盛，能源消耗总量大、强度高；以煤炭为主的能源结构，使能源转型难度很大；巨大的人口规模和经济体量对节能减排形成严峻的挑战；低碳技术创新投入大、成本高、缺乏激励，研发能力有限；宏观管理能力不足。但即便如此，考虑到维护我们的绿色家园，实现经济社会的可持续发展，我们也要迎难而上、攻坚克难，探索出符合中国国情的绿色低碳发展之路。

（一）加快发展清洁能源，推动能源转型

我国的资源禀赋是“富煤、贫油、少气”，“一煤独大”的格局难以改变。2020年煤炭在全国能源消费总量中仍占到56.8%，而风能和光伏的发电量还不到能源消费总量的5%。①要改变这种能源消费结构，需要努力提高非化石能源的占比。因此应加快能源管理机制的改革，树立优先发展非化石能源的战略方针，构建清洁低碳的能源体系。在水电、生物质发电

① 欧阳志远，史作廷，石敏俊，等.“碳达峰碳中和”：挑战与对策［J］.河北经贸大学学报，2021，42（5）：1-11.

和核电装机难以大幅度增加的情况下，可以大力发展风电和光伏发电，同时严格控制燃煤发电量的增加，将大部分燃煤机组改为灵活调度的运行方式，以便为非化石能源发电的消纳提供技术支撑。提高能源输配网络和储备设施能力，促进能源向清洁化、低碳化和智能化方向发展。

（二）鼓励低碳技术研发，降低低碳技术成本

低碳技术靠提高能源效率来稳定或减少能源需求，同时减少对煤炭等化石燃料的依赖程度。我国低碳技术与发达国家相比差距明显，且低碳技术成本高于燃煤发电成本，阻碍了低碳技术在我国的推广运用。发展低碳技术，是我国经济社会发展的必然要求。因此要加大科研投入力度，提高自主创新能力，大力开发低碳技术和低碳产品，加速科技成果的转化和应用，并加强国际间低碳技术的交流与合作，注重引入国外先进的理念和技术。建立有效的政策支持体系，积极吸引资本流向低碳技术领域，为清洁能源发展创造条件。

（三）建立碳税和碳排放权交易协同减排机制

碳税和碳排放权交易作为世界上被广泛采纳的两种碳减排措施，各有所长，二者都是基于市场的政策工具，都能取得较好的减排效果。在我国碳减排时间短、任务重的情况下，仅靠单一的碳排放权交易市场难以保证“双碳”目标的实现，如果同时实施碳税政策，则可起到双管齐下的作用，有助于顺利达成碳达峰、碳中和的目标。具体来说，对于电力、石化、化工、建材、钢铁、有色金属等碳排放源较为集中的行业，可采取碳排放权交易方式减排控碳；对于其他碳排放源分散的行业，可采取碳税方式促进其承担减排责任。

（四）在全社会倡导绿色低碳生活方式，反对奢侈浪费之风

提倡绿色出行，尽量选择公共交通工具，推广使用绿色低碳动力汽车。做好垃圾分类，拒绝过度包装，减少浪费，加强资源的回收再利用。拒绝使用一次性木筷，尽量少用一次性物品，重复使用购物袋。选择节能

节水家用电器，一水多用，养成随手关灯、关闭水龙头的习惯。节约粮食，少食用肉类。抵制买卖珍贵动植物制品，不追求过度的时尚，打造绿色生活新风尚。引导民众自觉践行绿色消费、绿色出行、绿色居住，让人们充分享受绿色发展带来的便利的同时，履行好自己应尽之责。

案例讨论

1.碳排放权交易和碳税各自的理论基础是什么？二者有何异同？

2.我国要实现“碳达峰碳中和”面临的挑战有哪些？

3.主要发达国家碳排放权交易市场有哪些成功经验可供借鉴？

4.我国如何才能更好地实现“碳达峰碳中和”的目标？

案例9

土地财政还能持续多久

案例描述

据中央广播电视总台中国之声《新闻晚高峰》报道，近日，财政部、自然资源部、税务总局、人民银行公开了《关于将国有土地使用权出让收入、矿产资源专项收入、海域使用金、无居民海岛使用金四项政府非税收入划转税务部门征收有关问题的通知》(以下简称《通知》)，决定将由自然资源部门征收的上述四项非税收入，全部划转给税务部门负责征收。

“国有土地使用权出让收入”这个词让《通知》一时间成为财经领域热议的话题。很多人关注的焦点是，国有土地使用权出让收入划转税务部门征收，是不是意味着土地出让收入归属发生改变，资金分配格局会发生改变，甚至有观点认为，这是土地出让金退出历史舞台的信号。

不过，通过近日专家的不断解读，基本可以明确的是，此次调整的是征收机构，而非土地出让收入的归属权，土地收入归属权仍在地方，只是从自然资源部门征收土地出让收入转由税务部门，与之前社保改由税务征收是同一逻辑。这样的调整，有助于提升征管效率。

根据《通知》，将由自然资源部门负责征收的国有土地使用权出让收入、矿产资源专项收入、海域使用金、无居民海岛使用金四项政府非税收入全部划转给税务部门征收。中国财政科学研究院公共收入研究中心副主任梁季介绍，早在2018年，中共中央印发的《深化党和国家机构改革方案》中，就明确将省级和省级以下国税、地税机构合并，具体承担所辖区域内各项税收、非税收入征管等职责。到目前为止，已有多项非税收入划转到税务部门统一征收。

梁季说："实际上在国地税合并之前，部分省份的地税部门就承担了某些非税收入的征缴工作，比如最典型的就是教育费附加，实际上一直是由地税部门征收的，再比如残疾人就业保障金，当时也是由税务部门征收的，2019年的时候又将社会保险缴费划转到了税务部门征收。从这一点来看，这次四项非税收入划转税务部门征收，实际上是强化税务部门非税收入征管职责的又一个措施。"

专家认为，从国家和政府的角度来看，这可以有效配置政府的征管资源。由于税务部门征管人员较多，专业化和信息化程度高，四项非税收入划转税务部门可以降低整个政府收入的征缴成本。从缴费人来看，《通知》明确，税务部门在确定职责划转后的征缴流程后，要实现办事缴费"一门一站一次"办理，这就可以避免缴费人跑多个部门，报多份材料，实现便利缴费。梁季认为："从宏观治理层面来看，四项非税收入征缴划转税务部门有利于优化我们国家的税费营商环境，降低市场交易成本，提高市场的运行效率，是我们一直以来推行的'放管服'又一项举措。"

四项非税收入中最引人注目的还是国有土地使用权出让收入，约8万亿的地方卖地收入划转税务征收，会产生哪些影响？

根据财政部数据，2020年地方政府国有土地使用权出让收入为84142亿元，同比增长15.9%。今年前4个月，地方政府国有土地使用权出让收入为21383亿元，同比增长35%。上海财经大学公共政策与治理研究院首席专家杨畅表示，此次四项非税收入划转税务部门征收，是落实2018年中共中央印发的《深化党和国家机构改革方案》的关键一步，有利于提高卖地收入等征管效率，降低征收成本。“土地出让收入之前是由国土资源管理部门负责具体征收的，但是国土资源管理部门属于一个地方政府的组成部门，而且收入是纳入地方预算管理的。中央政府其实难以完全掌握土地出让之后收入的多少、进入国库的节奏、进入国库之后的具体使用等情况。”杨畅说。

正因如此，此前地方政府出让国有土地，获得非税收入的冲动很难抑制。杨畅表示，此举有利于地方政府逐渐摆脱对土地财政的依赖。“中央政府对于土地出让之后收入了多少、进入国库的节奏，以及一些具体情况就能够完全掌握。在短期由于本年的预算安排已经排定了，地方政府行为可能会有一定的延续性，但是在长期会对地方政府的行为产生一些引导，逐步想推动地方政府摆脱对土地财政的依赖。”

此次《通知》要求，先试点后推开。自2021年7月1日起，选择在河北、内蒙古、上海、浙江、安徽、青岛、云南省（自治区、直辖市、计划单列市）以省（区、市）为单位开展征管职责划转试点。2022年1月1日起在全国全面实施。

杨畅分析，当增量得到抑制后，地方政府在收入端和支出端都将产生变化。“首先在收入端，由于营改增之后，地方的财力在一定程度上是被减弱的，后续如何争取中央税权的进一步下移，以及推动地方税源的优化调整，尤其是会不会加快房产税的改革都是值得关注的。在支出端，或许会推动这个地方政府支出结构的合理优化，提升精细化管理的能力和水平。”

（案例来源：《国有土地使用权出让收入等四项政府非税收入将划转税务部门征收 专家：有助于提升征管效率》，中央广播电视总台中国之声《新闻晚高峰》，2021年6月6日。）

案例评析

一、土地财政的产生与发展

国有土地使用权出让收入（简称“土地出让收入”或“土地出让金”）等四项政府非税收入划转给税务部门征收的消息一出，引发了人们对土地财政问题的关切，毕竟地方政府对土地财政一直有着较强的依赖。所谓土地财政，就是地方财政过度依赖土地出让收入及相关产业税费收入来维持地方财政支出的一种现象。土地财政可为地方政府带来的收入包括四个部分。一是土地出让金（国有土地使用权出让收入），其实质是政府以土地所有者的身份在一定年限内出租国有土地使用权而获得的地租收入。[①]它构成了政府性基金收入的主体，纳入政府性基金预算管理，属于非税收入的一种形式。土地出让金自分税制改革以后全部划归地方政府所有，成为土地财政最主要的收入。二是与土地和房产相关的直接税收，包括土地增值税、城镇土地使用税、耕地占用税、房产税、契税。三是与土地和房产相关的间接税收，包括房地产企业、建筑企业增值税（2016年5月之前是营业税）、企业所得税、个人所得税等。四是以土地抵押获得的债务收入。

我国土地出让金制度开始于20世纪80年代末，1987年深圳市率先进行了有偿转让国有土地使用权的试点，随后其他城市纷纷效仿。在试点的同时，国家也开始了制度上的安排，修改和制定了相关的法律法规，为土地制度改革扫清障碍。1998年国土资源部成立，各地政府纷纷通过加强土地管理来弥补地方财力的不足，土地财政得以形成。2002年土地招标拍卖挂牌（简称“招拍挂”）政策正式出台，标志着土地市场机制逐渐健全，土地财政不断完善。近年来土地出让收入增长迅猛，俨然已成为地方

① 贾康，梁季. 市场化、城镇化联袂演绎的“土地财政”与土地制度变革［J］. 改革，2015（5）：67-81.

政府的“第二财政”。2003年，全国国有土地使用权出让收入只有5421亿元，占当年GDP的3.9%。到了2018年，该收入规模已达65096亿元，在全国GDP占比达到了7.08%。如表9-1所示，土地出让收入这些年增长并不稳定，其中2008—2010年间、2013年、2017年增长都极为迅速，也有的年份呈现负增长，但总体来说仍然增长迅速。从土地出让收入与地方财政收入的关系看，最高年份能占到地方财政收入的72%，最低年份也能达到31%，其对于地方政府收入的重要性可见一斑。

表9-1　2003—2018年国有土地使用权出让收入

年份（年）	土地出让收入（亿元）	增速（%）	地方财政收入：土地出让收入
2003	5421.0	—	1∶0.55
2004	5894.0	8.7	1∶0.49
2007	7285.0	—	1∶0.31
2008	10375.3	42.4	1∶0.36
2009	13964.8	34.6	1∶0.43
2010	29109.9	108.5	1∶0.72
2011	33477.0	15.0	1∶0.63
2012	28886.3	−13.7	1∶0.47
2013	39073.0	35.3	1∶0.57
2014	42940.3	9.9	1∶0.57
2015	32547.0	−24.2	1∶0.39
2016	37457.0	15.1	1∶0.43
2017	52059.0	39.0	1∶0.57
2018	65096.0	25.0	1∶0.66

数据来源：2003—2004年数据来自《中国国土资源统计年鉴》，2007—2018年数据来自财政部网站。

二、土地财政产生的原因

土地财政产生的原因是多方面的，其中分税制财政体制、官员晋升机制、预算制度等体制和制度方面存在的缺陷和问题对土地财政的产生起到了主要作用。

（一）分税制改革引致的纵向财政失衡

1994年分税制改革调整了中央和地方的财政利益，对中央和地方财政收支责任进行了重新划分。此次制度变迁扭转了中央和地方财力分配的格局。如表9-2所示，中央财政收入占全国财政收入的比重由1993年的21.9%猛增到1994年的55.7%。一直到2010年中央财政收入比重大致在50%—55%之间徘徊，2011年以后比重才有所下降，但仍然保持在45%以上。同期地方财政收入占比则从1993年的78.1%跌落到2020年的54.7%，地方掌握的财政资源下降明显。再从事权的划分来看，中央仅承担了15%左右的支出事务，85%左右的支出责任要由地方财政来承担。在经济转型、赶超以及快速城镇化过程中，地方政府的事权范围较为广泛，这对地方政府的支出责任提出了较大的挑战。[①] 以2020年为例，地方财政要以全国54.7%的收入占比承担85.7%的支出责任，财力与支出责任严重不对等，地方财政收支缺口巨大。地方本级财政收支差额由1993年61.2亿元的盈余，一下逆转到1994年1726.59亿元的赤字并逐年扩大，2020年地方财政收支差额已达到-110368.62亿元之巨。虽然有中央财政对地方财政转移支付的帮助，但是纵向财政失衡的问题并未得到根本性的缓解。

---

① 贾康，梁季.市场化、城镇化联袂演绎的“土地财政”与土地制度变革［J］.改革，2015（5）：67-81.

表 9-2　1993—2020 年中央和地方财政收支比重的变化

年份（年）	中央和地方财政收入比重对比（%）	中央和地方财政支出比重对比（%）	地方本级财政收支差额（亿元）
1993	21.9:78.1	28.3:71.7	61.20
1994	55.7:44.3	30.3:69.7	−1726.59
1996	49.4:50.6	27.1:72.9	−2039.36
2000	52.2:47.8	34.7:65.3	−3960.59
2005	52.3:47.7	25.9:74.1	−10053.55
2008	53.3:46.7	21.3:78.7	−20598.70
2009	52.4:47.6	20.0:80.0	−28441.55
2010	51.1:48.9	17.8:82.2	−33271.39
2011	49.4:51.5	15.1:84.9	−40186.57
2012	47.9:52.1	14.9:85.1	−46110.05
2013	46.6:53.4	14.6:85.4	−50729.18
2014	45.9:54.1	14.9:85.1	−53338.91
2015	45.5:54.5	14.5:85.5	−50335.62
2016	45.3:54.7	14.6:85.4	−73112.01
2017	47.0:53.0	14.7:85.3	−81758.93
2018	46.6:53.4	14.8:85.2	−90292.94
2019	46.9:53.1	14.7:85.3	−102662.61
2020	45.3:54.7	14.3:85.7	−110368.62

数据来源：《中国财政年鉴（2021）》。

地方财政的困境靠目前的地方税收体系短期内难有改观，地方政府需要另辟财源。与此同时，伴随着市场化、工业化和城镇化的快速发展，土地作为稀缺资源的价值愈发显现，于是地方政府把增收的希望放在了土地增值收益上。地方官员在强烈创收动机的驱使下，利用手中掌控的土地资源的配置权力，通过大量出让土地，获取巨额的土地出让金，实现地方财政增收的目标。根据学者对我国30多个城市的统计分析，土地平均出让收益是其成本的18倍。[①]

（二）“标尺竞争”对官员发展本地经济的激励

行政区划体制和分税制财政体制赋予了地方政府独立的自主决策权和财税利益，同时中央将经济发展指标作为决定地方官员政绩的主要绩效标尺，于是各地便纷纷展开了争夺GDP增长率的“标尺竞争”。为了在这场“晋升锦标赛”中获胜，并且要克服“有限财力与无限责任之间的矛盾”，地方政府只能使出浑身解数大力发展本地区经济。地方政府发展经济的具体途径主要有两条：一是通过招商引资吸引更多的企业入驻当地，以增加税源。地方政府使出了五花八门的手段吸引投资，除了税收优惠、财政补贴这些手段之外，地方政府往往还通过低廉的土地价格招商引资，以协议方式低价甚至零地价供应工业用地，吸引中外企业入驻，以获取更多的税收收入。二是以“招拍挂”的形式高价出让商业用地，获取高昂的土地出让收入和相关的税费收入。城镇建设用地的数量是有限的，大量供应低价工业用地，势必会挤占商业用地的规模，而商业用地数量的减少就会推高土地的竞拍价格，从而增加了土地出让金的收入。地方政府把从土地获取的收益加上以土地抵押取得的银行贷款，用来搞城市的基础设施建设，改善外部投资环境，提升城市品位，吸引更多的企业过来投资，更好地促进本地区经济发展。因此，地方政府在“标尺竞争”和政绩考核的压力下，充分利用土地资源来实现地区利益的最大化，实施低价供应工业用地吸引制造业企业入驻与高价出让商业用地获取土地巨额收益的政策组合，使地方政府收获经济高增长的同时，也收获了地方财政收入的最大化，这些因素驱使地方政府主动利用土地财政策略发展地区经济。

---

① 王军.“土地财政”的动力结构［J］.瞭望新闻周刊，2005（37）：26-27.

（三）金融机构的推波助澜

土地财政的另一表现形式是地方政府以土地做抵押物通过地方融资平台向金融机构申请贷款，将资金用于市政建设、公用事业等领域，以有效缓解政府在基础设施建设中的资金短缺问题。贷款资金的偿还则通过地方政府“经营城市”使土地、房地产在未来不断增值获取的高额土地出让收入和相关税费收入来解决，不足部分由财政兜底还款。据统计，自2009年起土地抵押面积和抵押贷款金额开始呈上升趋势。其中，全国84个重点城市土地抵押面积由2009年的22.08万公顷，增长到2013年的40.39万公顷，抵押贷款总额由2009年的2.6万亿元增长到2013年的7.76万亿元。而我国银行贷款中，约半数贷款以房地产土地做抵押。[①]由于有土地这种优质资产的抵押，加上政府信用的担保，使得银行对土地抵押贷款产品十分青睐。

从金融机构的角度来看，随着信贷政策由行政干预向市场化调节的转变，为了在激烈的市场竞争中站稳脚跟，金融机构之间势必会展开对优质客户和优质金融产品的争夺。房地产市场的繁荣和较高的投资回报吸引了银行信贷资金源源不断地涌入，而银行信贷资金的支持又推动了房地产市场的进一步繁荣。得到贷款支持的房地产开发商拥有充足的资金进行大规模的地产开发，不断地刺激着居民投资需求和投机需求的膨胀，在土地有限供应的约束下，推动房价大幅度攀升，银行、房地产开发商和地方政府则共同分享土地、房产大幅增值带来的收益。根据蒋省三等人的研究，东部城市建设资金的来源中，约30% 来自土地出让金，60%来自土地抵押贷款；西部城市建设资金来自土地抵押贷款的比例更是高达70%，20%来自土地出让金。[②]可见，银行的信贷资金极大地支持了城市建设，对土地财

① 中国新闻网.全国城市土地抵押贷款逐年增加或将推高房价［EB/OL］.（2014-04-29）.http：//news.focus.cn/huaian/2014-04-29/4984251.html.

② 蒋省三，刘守英，李青.土地制度改革与国民经济成长［J］.管理世界，2007（9）：1-9.

政起到了推波助澜的作用。

（四）预算制度的缺陷

在2011年以前，我国地方政府的财政资金包括三个部分：预算内资金、预算外资金及制度外资金。其中预算内资金有着很强的预算约束，资金有严格的使用用途，管理最为规范，地方政府使用起来自由度很低；预算外资金和制度外资金由于没有纳入预算，缺乏应有的监督，地方政府运用起来自由度很高，使用限制较少，补充了地方财力的不足，也在一定程度上缓和了分税制改革的阻力，同时也为土地财政政策的实施留下了制度空间。在土地财政收入中，与土地和房地产相关的直接税收和间接税收全部纳入了预算管理，但土地出让金却作为预算外资金管理，并且自1994年之后全部划归地方财政所有。因为地方政府对土地出让金的使用有着较强的自主性，因而在分税制改革极大削弱地方财力的形势下，地方政府表现出了对土地出让金极高的热情和追求，以其来弥补地方财政赤字、大搞基础设施建设、提供公共服务、发展地区经济。当然由于资金管理不规范，也出现了大量资金损失浪费和腐败现象。虽然在2011年财政部取缔了预算外资金的概念，将土地出让金纳入政府性基金预算，但实质上换汤不换药，政府性基金预算远远达不到一般公共预算的规范性，地方政府仍然可以随意支配这笔资金。

当然，除了以上这些原因之外，还有很多其他方面的原因，如土地行政管理体制的弊端[①]，地方政府融资渠道的狭窄，等等，共同导致了土地财政的形成。

三、正确评价土地财政的是非功过

一提到“土地财政”这个词，人们就会想到土地财政的那些负面影响，如征地强拆，城市房价节节攀升，老百姓买不起房、住不起房，贫富

① 郭贯成，汪勋杰.地方政府土地财政的动机、能力、约束与效应：一个分析框架［J］.当代财经，2013（11）：25-35.

差距拉大，地方政府和房地产开发商获得巨额收益，房地产泡沫引发的金融风险加剧，等等。但是土地财政在我国经济发展过程中也起到了很大的积极作用，如有效弥补了地方财力的不足，加快了城镇化的进程，促进了地方经济社会发展等。因此要正确认识和看待土地财政的是非功过，对土地财政现象做出全面客观的评价。

（一）土地财政的正面影响

1.大量增加地方财政收入

土地财政在很大程度上抵消了分税制改革给地方财政带来的压力。土地财政有力地充实了地方政府的财力，土地出让金在地方一般公共预算本级收入中的占比在2010年最高时曾达到72%，最低时也在31%以上；地方税收里面很多税种都与土地和房地产有着直接或间接的联系。因此，土地财政为地方政府贡献了大量的税收收入和政府性基金收入，有效缓解了分税制过后地方财政收支赤字。

2.加快城镇化进程

土地财政从两个方面加快了城镇化进程。一是增加了城市建设用地，扩张了城镇的面积。二是为城镇化提供资金支持，城镇基础设施的建设在很大程度上要仰仗于土地财政的收入。土地财政和债务融资是以往我国城镇化的主要资金来源。

3.促进地方经济社会发展

中国企业承担的税负在全球都是偏高的。在如此高的税负重压下，中国何以能成为“世界工厂”并创造连续多年的高经济增长率？中国何以能吸引全球投资涌入中国？答案在于地方政府借助于土地巨大的融资能力，给予企业税收减免和地价补贴，无偿或低价供应的工业用地使企业得以降低成本，其补贴规模之大甚至使如此之高的税率都变得微不足道。[①]而地

① 赵燕菁.土地财政：历史、逻辑与抉择［J］.城市发展研究，2014，21(1)：1-13.

方政府是以高价出让商业用地获取高昂土地出让金和税费收入来支撑低价供应土地的行为。从某种意义上来说，正是由于高地价、高房价支撑的土地财政的补贴，才使企业能够负担如此沉重的税负，维持中国产品多年以来的超低定价，打造具有高度竞争力的中国制造。[①]

（二）土地财政的负面影响

1. 推高房地产价格，实体经济萎缩

地方政府以土地所有者的身份进行拆迁，低价取得土地，通过限制商业用地供应，以“招拍挂”的形式转手以十几倍甚至几十倍的价格高价出让商业用地。房地产开发商借助于银行信贷的支持高价拿地，高价出售商品房。房价被层层推高。房价的刚性上涨使得不动产变成了颇受市场青睐的投资品，尤其在股市低迷、金融市场投资渠道不畅的情况下，房地产的高收益成了投资者手中的香饽饽，企业、居民全都参与到炒房大军之中，很多企业甚至以房地产投机代替实体投资，致使实体经济不断下滑。房地产的投机行为更加剧了房价上涨，连政府不断出台的控制房价的政策在旺盛的投资需求和投机需求面前也屡屡受挫，甚至出现了越是调控，房价涨得越快的现象。

2. 扩大收入差距，引发社会矛盾

地方政府一方面从农民和城镇居民手中低价拿地；另一方面高价出让商业用地，推高房地产价格。征地过程中产生了大量失地农民，较低的征地拆迁补偿款很快就被用光，从而产生了众多的种田无地、就业无岗、低保无份的“三无农民”。根据《全国土地利用总体规划纲要》，从2000—2030年将有5450万亩耕地被占用。按1亩耕地产生1.5个失地农民计算，2000—2030年将会新增8175万失地农民。[②]由于法治化进程滞后，被征地

① 赵燕菁.土地财政：历史、逻辑与抉择［J］.城市发展研究，2014，21(1)：1-13.

② 郭贯成，汪勋杰.地方政府土地财政的动机、能力、约束与效应：一个分析框架［J］.当代财经，2013(11)：25-35.

农民的利益严重受损，政府形象也受到影响。与此同时，随着城市房价的节节攀升，早期投资拥有房地产的居民财富自动增长，为企业和居民快速致富提供了便捷的通道，房价上涨的增值收益远超城市居民辛苦打拼一辈子甚至几辈子的所得。收入差距在有房者和无房者之间越拉越大。原来没有买房的居民越来越买不起房住不起房，只能望房兴叹，从而容易蕴藏社会风险。

3. 占用大量宝贵资源，造成社会财富的浪费

在房地产市场空前繁荣的激励下，房地产开发商疯狂买地盖楼，造成一些城市房地产的供给大大超过实际需求而出现“鬼楼”“鬼城”现象。一些房地产开发商由于资金链断裂或未经相关部门批准违规建商品房和别墅而出现多处烂尾楼。有些企业拿了地之后囤地或由于各种原因不去开发致使土地闲置，浪费了本该用于其他用途产生更高收益的资源。房地产作为价高利润丰厚的投资品，吸引了众多企业热衷于房地产的投机，忽视了实体经济的投资，把本该用于创造和增加社会财富的资源用于投机获利，是另一种形式的资源浪费。根据国家统计局数据，2017 年我国房地产投资总额为 10.98 万亿元，占全国 GDP 总量的 13.3%，占全国固定资产投资的 17%，其中海南房地产投资占 GDP 的比重竟高达 46%。

4. 引发房地产泡沫，加剧财政和金融风险

巨额资金潮水般涌入房地产业、建筑业，引发了房地产的泡沫，银行信用的推波助澜使泡沫日益膨胀。房地产市场和股票市场一样，过度投机使金融商品的虚拟价值远远超过其资产实际价值时，蕴藏的金融风险便会越来越大，泡沫破灭的可能性也就越来越大。一旦泡沫破灭房价暴跌，就会引发严重的财政和金融风险。

我国政府在工业化、城镇化进程中举借了巨额债务。根据财政部公布的数据，2017 年中央财政债务余额约为 13.47 万亿元，地方显性债务规模约为 18.58 万亿元，两者之和占当年名义 GDP 的比重是 38.76%，债务负担

率低于60%的国际警戒线。但如果算上地方政府的隐性债务23.57万亿元，负债率则升至67.26%，债务风险很高。这些债务多以土地和房产做抵押，并以未来土地出让金和其他相关的税费收入作为还款的主要资金来源。一旦土地出让收益严重缩水，便会引发地方政府偿债危机，而大面积的债务危机是财政无法承担的。房产泡沫的破灭对金融体系的冲击更大，与房地产有关的抵押贷款和相关的金融产品在金融机构资产体系中占有很大比重，这部分资产的损失对于银行的打击将是致命的，美国2008年次贷危机的爆发就是前车之鉴。地方政府债务的风险问题引起了中央高层的持续关注，2017年7月24日中央政治局会议强调，要积极稳妥化解地方政府债务风险，有效规范地方政府债务融资，严控地方政府债务增量。

四、土地财政模式不可持续

土地财政受内在土地资源限制和外在制度环境制约的双重约束而难以持续。

（一）内在土地资源限制

土地财政主要依靠新增建设用地或有偿转让或抵押融资等形式获取收入，离开建设用地，土地财政就失去了生存的根本。新增建设用地主要有两条途径：一是调整土地存量，通过城市拆迁改造来进行开发建设，数量有限，且需按照市场价格对拆迁户进行补偿，成本较高；二是增量调整，将农用地和未利用地转为建设用地，主要通过征收集体土地来增加建设用地储备，其中50%左右为耕地。据国土资源部数据显示，2017年度共批准95个城市建设用地31449.8公顷，其中耕地18837.6公顷，占批准用地总面积的59.9%。地方政府更青睐于增量调整的途径，相比于存量调整来说具有成本低、收益高的优点，结果导致我国自1994年以来耕地面积每年以较快的速度锐减。为此2006年中央明确提出耕地保护红线，要求到2020年甚至更长时间我国耕地数量不得低于18亿亩红线。根据2017年国土资源部发布的《2016中国国土资源公报》，截至2016年年末，全国耕地面积为13495.66万公顷，2015年全国耕地因建设占用、灾毁、生态退耕、农业结构调整等原因减少耕地面积33.65万公顷，通过土地整治、农业结构调整等增加耕地面积29.30公顷，年内净减少耕地面积4.35万公顷。2017年我国耕地面积减少6.09万公顷。工业化、城镇化进程加快，城市规模不断扩大，高楼大厦越来越多，耕地面积却越来越少。耕地保护是关乎粮食安全的大事，不能因为土地财政而毁了全国人民的饭碗。我国土地资源相对于庞大的人口数量而显得稀缺，有限的土地资源禀赋成为土地财政不可持续的内在制约因素。

（二）外在制度环境制约

为保障民生，防范土地财政引发的社会风险，政府出台了各种调控政策。政府的调控措施分为两类，一类是针对土地的调控政策，一类是针对房地产的调控政策。中央政府为了实行对农地特别是耕地的保护，打击“大量征地，无序供地，低效用地”现象，建立了土地的长期监管机制。要求地方政府制定土地利用规划和土地利用计划，并对土地闲置、耕地流失情况进行严厉打击，实现对地方土地利用的监管。同时政府还加强了对房地产的调控。习近平总书记多次强调：“房子是用来住的，不是用来炒的。”各地密集出台各种打压炒房炒地的文件，纷纷出台限购措施，控制房地产价格。这些政策措施的实施构成了对土地财政的外部制度约束。

五、土地财政的升级和退出

“土地财政只是专门用来解决城市化启动阶段原始信用不足的一种特殊制度。随着原始资本积累的完成，土地财政应该也必然会逐渐退出并转变为更可持续的增长模式。”[①] 随着城镇化进入新的发展阶段，应该实行从不可持续的“土地财政”向可持续的“税收财政”的转换。

---

① 赵燕菁.土地财政：历史、逻辑与抉择［J］.城市发展研究，2014，21(1)：1-13.

1. 完善分税制财政体制，实现财权与事权的匹配

分税制改革造成的纵向财政失衡，地方政府财力有限而责任无限，财权与事权严重不匹配是驱使地方政府走向土地财政的根本性原因。因此要使地方政府彻底摆脱对土地财政的依赖，需赋予地方政府足够的财权，健全和完善地方税收体系，合理调整中央与地方税收分配比例，开征房地产税，给予地方适当的发债权，完善纵向转移支付等，多措并举，着力增加地方政府财政收入，充实地方财力。

2. 改革政绩考核体制

地方政府间的竞争机制有利于一国经济效率的提高和资源配置的改善，但要加以合理引导，使其走向良性竞争，避免走恶性竞争、地方分割、以邻为壑、疯狂争夺资源和市场、地方治理“碎片化”的老路。实现这一目标关键在于改革政绩考核指标这一指挥棒。以往过于突出经济绩效的考核标准是使得地方政府陷入土地财政的重要原因之一。因此要设计一套经济与社会发展相结合的政绩考核体系，将生态环境治理、人民生活水平提高、民生改善等考核标准纳入考核系统中，引导政府官员的关注点从单纯的GDP增长向经济社会全面进步的方向改变。

3. 从土地财政走向税收财政

对于地方政府而言，即便是取消了土地财政，土地及其地上附着物的增值收益仍将是地方政府重要的收入来源。对土地及房产增值收益的获取有利于激励地方政府大力发展本地经济，从而提升房地产的价值，吸引更多的企业和居民迁入，改善当地的公共服务。以税收财政代替土地财政，不是要放弃土地及房产的增值收益，而是以规范的、严格受到预算制约的可持续的征收形式代替不规范的、软预算约束的、不可持续的征收形式。因此，宜加快房地产税全面开征的步伐，进一步完善地方的财产税体系，形成以税收占绝对比重的地方政府收入格局。作为中国城镇化速度领先的深圳市，已率先摆脱了对土地财政的依赖，其税收收入已占到政府收入的

93%以上[①]，或许深圳在这方面也能为全国其他城市做榜样。

4. 加强金融监管，防范房地产金融风险

由房地产泡沫引发的房地产金融风险不可忽视。目前我国房地产企业资产负债率维持在70%以上，超过国际公认的50%的警戒线，房地产贷款在银行总贷款中所占比重过高，房地产信贷风险加剧，并促使房地产泡沫进一步膨胀。与此同时，房地产的繁荣期已接近尾声，房价下跌的可能性增加，从而加剧了金融风险发生的可能性。由于房地产行业和房地产金融行业牵扯到许多行业的运行和多方利益，牵一发而动全身，国家应综合考虑政治、经济、社会各方面因素，综合运用行政干预手段、经济调节手段、金融调控手段进行调控。严厉打击房地产过度投机行为，完善对个人和企业的征信制度，全面规范金融机构的经营和管理，创新金融工具，由单一的贷款融资方式向多种融资方式转化，构建房地产金融风险预警监控系统，防范和化解房地产金融风险。

案例讨论

1. 如何全面认识和评价土地财政？

2. 土地财政产生的根源是什么？

3. 怎样才能从土地财政转向税收财政？

---

① 赵燕菁. 土地财政：历史、逻辑与抉择［J］. 城市发展研究，2014，21(1)：1-13.

案例10

PPP项目的潮起潮落

案例描述

近年来，PPP（Public-Private Partnership，政府与社会资本合作）模式逐渐发展成熟，在加强基础设施补短板、调动民间投资方面作用十分显著。财政部PPP中心最新数据统计显示，截至2021年2月24日，累计入库PPP项目9965个，投资额15.4万亿元，涉及市政工程、交通运输、生态建设和环境保护、城镇综合开发等领域。

财政部PPP专家库专家、360政企安全集团投资总监唐川对《证券日报》记者表示，PPP作为政府与社会资本深入合作的特有模式，有着化解各方风险顾虑，充分保障各方利益的功能优势。

唐川表示，引入优质社会资源建设、运营项目的PPP模式是推进重大项目工程建设任务的重要工具之一。PPP模式可以帮助地方政府更全面高效地发展基础设施和公共服务项目，并且，在合理的模式下不会增加地方政府的负债。更为重要的是，借由PPP模式可以引入社会资本进入各地，从而更好地实现各地区的全面发展，带动欠发达地区内生性的发展动力，最大程度实现资源的优化配置。

中国国际经济交流中心经济研究部副部长刘向东对《证券日报》记者表示，近年来，我国在加强基础设施建设方面广泛推出PPP的模式，并摸索出一整套相适应的政策体系，有效地调动民间投资的积极性。

值得关注的是，PPP模式在助推地方经济实现高质量发展上也起着不可小觑的作用。例如，近日云南省财政厅发布消息，“十三五”以来，PPP紧紧围绕云南省委、省政府“八大产业”和“五网建设”战略布局，特别是助力公路基础设施建设成效凸显，对带动地方经济社会发展，推动云南经济社会高质量跨越发展发挥了积极的作用。涉及“八大产业”项目57个，投资额565.63亿元；涉及“五网建设”项目227个，投资额8730.18亿元，其中公路基础设施项目133个，占项目总数25.93%，投资额9937.71亿元，占总投资额73.92%，为PPP项目中投资额最大的领域，落地项目102个，落地率76.69%，已开工建设项目83个，开工率81.37%。

山东省财政厅副厅长袁培全曾介绍，2014年以来，山东省PPP改革在探索创新中稳步推进，广泛吸引撬动社会资本参与公共服务，在促发展、惠民生方面发挥了重要作用。截至目前，山东省纳入全国PPP管理库项目共756个，投资额8097亿元。其中，2020年新增项目57个，投资额573亿元。累计签约项目573个，开工466个，两项指标稳居全国首位。

“已经有越来越多的企业开始关注优质PPP项目，以及新兴领域的PPP项目。今年，不同类型的社会资本采用更为多样化的方式联合运作项目或将成为主要看点。”唐川进一步分析，比如资金实力更强、融资成本更低的国有企业和国有资本参股的创投基金可以做项目的主要投标方，而融资难、风险承担能力弱的民企，可以在项目公司成立后，借由SPV公司建设外包、服务采购等方式进入项目，从而既避免了民营企业承担过重的债务及融资压力，也可充分利用民营企业的技术、服务专长，达到多方共赢的目标。

谈及今年PPP的投资规模将会有多大，唐川预计，从当前PPP项目库的数据来看，“两新一重”项目（新型基础设施建设，新型城镇化建设，交通、水利等重大工程建设）的入库数量占比在不断提升。可以说，PPP

项目和市场发展方向正在逐渐重合，这给今年的PPP项目投资带来了正向的推动。预计今年PPP领域项目总投资规模有望超过4.5万亿元。

但唐川也表示，目前PPP项目运营情况监测、信息披露已成为监管层针对基础设施和公共服务项目管理模式升级的重点方向，所以PPP项目的合规性管理也需要进一步加强，以减少退库事件的发生。

（案例来源：孟珂《PPP调动民间投资效果显著 今年总投资规模有望超4.5万亿元》，《证券日报》2021年2月26日。）

案例评析

一、概念界定和理论基础

PPP是公共产品的提供方式之一。公共产品是由公共部门提供的用于满足全体社会成员共同需要的产品和服务。公共产品是私人物品的对立物，相对于私人物品的特性来说，公共产品具有三个特征。一是效用的不可分割性。公共产品是向整个社会共同提供的，具有共同受益或联合消费的特点，其效用不能分割为若干部分分别归个人或厂商享用。二是消费的非竞争性。即个人或厂商对公共产品的消费不排斥、不妨碍其他人或厂商对该公共产品的享用，也不会因此而减少其他人或厂商消费该公共产品的数量和质量。也就是说，增加一个消费者的边际成本为零。三是受益的非排他性。公共产品供社会成员共同消费，不能将任何人或厂商排除在公共产品的受益范围之外，或因技术上不易排他，或因技术上可排他但排他成本高昂而在经济上不可行。

公共产品的供给可分为政府供给和私人部门供给两种方式，政府在提供公共产品上具有优势，故而公共产品主要由政府（公共部门）提供。在各国，纯公共产品或自然垄断性较高的准公共产品一般都由政府直接生产。20世纪80年代以后，随着新公共管理运动的兴起，西方国家在公共产品的供给中，市场力量逐渐增大，一些公共产品由政府间接生产。政府间接生产公共产品的方式包括政府与企业签订生产合同、授权经营、政府参股以及经济资助等。私人部门供给公共产品的方式主要有三种：一是完全的私人供给，二是私人与政府的联合供给，三是私人与社区的联合供给。

PPP模式是借用市场的力量来供给公共产品的方式之一。PPP产生的历史很悠久，最早可以追溯到罗马帝国时代，罗马大帝向Salassi部落授予征收道路通行费的特许权，以作为其养护道路、带路及跨山脉搬运的回报。现代意义上的PPP始于20世纪90年代的英国，出于既要控制财政支出又要改善基础设施状况的压力，1992年英国财政大臣拉蒙特提出私人融资计划（Private Financing Initiative，简称“PFI”），尝试在基础设施领域引入私营部门，引进民间资金参与公共设施建设缓解财政困难，PFI因此成为现代PPP模式的起源，在全球推广。与此同时，PPP模式与西方国家正在兴起的“新公共管理运动”所倡导的理念不谋而合。新公共管理理论要求“重塑政府”，在公共服务领域“引入市场竞争机制”，让私营部门参与公共服务供给；重新界定政府与社会组织的定位，政府职能应从“划桨”向“掌舵”转变，从公共服务的生产者转向购买者和监督者；强调绩效评估；主张以客户为导向，消费者至上等等，从而推动了PPP模式的进一步发展。

PPP是“Public-Private Partnership”的缩写，一般译为“公私合营”“政府和社会资本合作”等。对于PPP的确切定义众说纷纭，各国根据本国政府与社会资本合作的不同模式和实践情况给出了符合本国国情的定义，因而差异较大，并没有形成权威的统一的定义。美国PPP国家委员会对PPP给出的定义认为，PPP是介于外包和私有化之间并结合了两者特点的一种公共产品提供方式，它充分利用私人资源进行设计、建设、投资、经营和维护公共基础设施，并提供相关服务以满足公共需求。[①]它强调了私人部门在项目周期的全程参与及私人部门的投融资。萨瓦斯更偏向广义的理解，他认为PPP从广义上讲是指公共部门和私营部门共同参与生产和提供物品和服务的任何安排，合同承包、特许经营、补助等符合这一定义。[②]贾康认为，PPP是政府公共部门与民营部门合作过程中，让民营部门所掌握的资源参与提供公共产品和服务，从而实现政府公共部门的职能并同时也为民营部门带来利益。其管理模式包含与此相符的诸多具体形式。[③]2014年世界银行、亚洲开发银行与美洲开发银行在《PPP指南第2版》中给出PPP的定义为："由私营部门同政府部门之间达成长期合同，提供公共资产和服务，由私营部门承担主要风险和管理责任，私营部门根据绩效情况得到酬劳。"[④]我国财政部在2014年《关于推广运用政府和社会资本合作模式有关问题的通知》中提出：政府和社会资本合作模式是在基础设施及公共服务领域建立的一种长期合作关系。通常模式是由社会资本承担设计、建设、运营、维护基础设施的大部分工作，并通过"使用者付费"及必要的"政府付费"获得合理投资回报；政府部门负责基础设施及公共服务价格和质量监管，以保证公共利益最大化。

在这里有必要对"Private"的概念进行界定，"Private"的中文翻译有社会资本、私人部门、私营部门、民营部门等不同译法，政府文件通常称为"社会资本"，PPP在政府文件中直译为"政府和社会资本合作"。社会资本在PPP的语境下包括民营企业、外资企业和国有企业，这种界定与西方国家是不同的，分歧主要在国有企业。国有企业并不属于私人部门，而

① 刘薇.PPP模式理论阐释及其现实例证［J］.改革，2015(1)：78-89.

② 萨瓦斯.民营化与公私部门的伙伴关系［M］.周志忍，等译.北京：中国人民大学出版社，2002：105.

③ 贾康，孙洁.公私伙伴关系（PPP）的概念、起源、特征与功能［J］.财政研究，2009(10)：2-10.

④ 吉富星.PPP模式的理论与政策［M］.北京：中国财政经济出版社，2017：5.

是包括在广义的公共部门中，但在我国PPP的实践中，国有企业是非常重要的参与者，在很多地区甚至是主要的参与者，因而不能将其排除在社会资本之外。但是国有企业中的地方政府融资平台，由于与地方政府严重的政企不分，应该排除在外。

学术界对PPP的定义众说纷纭难以统一，综合已有的说法可以形成对PPP的一些共识。

1. 性质

PPP模式是一种公共产品或服务的供给机制，而不是单纯的融资模式。一些地方政府单纯把PPP模式作为缓解地方政府债务负担的融资模式，这种理解是错误的。PPP模式通过吸引社会资本参与到基础设施和公共服务领域，缓解政府财政资金不足的压力。同时通过公共部门和社会资本合作，可以充分发挥社会资本经营管理效率高、成本低、更善于应对市场风险的优点，实现管理模式和社会治理机制的创新。

2. 特征

（1）公私合作。公私合作即公共部门与私人部门之间开展合作，合作是PPP项目开展的前提和要义，双方在公共产品与服务的项目全生命周期需要全程合作。合作领域是包括基础设施在内的公共产品或服务，这一原本属于公共部门负责提供的领域，在PPP模式中由私人部门负责提供，由公共部门或受益居民付费购买。由于PPP模式参与的项目本身建设周期长，资金回收期更长，所以PPP模式合作期限较长，一般可达10—30年。双方合作可以充分发挥各自优势，“让专业的人做专业的事”，整合公私优势，低成本高效率地提供高质量的服务。（2）利益共享。利益共享是双方顺利合作的基础。所谓利益关系并不是指公共部门和私人部门分享利润，而是指双方可以共同分享PPP项目的社会成果，私人部门也可以获得相对稳定且适度的投资回报。鉴于PPP项目的公益性，不宜通过提高收费价格追求项目利润最大化，否则会损害社会公众的利益，因而对私人部门可能获得的高额利润还会进行控制，限制其获取超额利润。（3）风险分担。PPP项目建设本身的风险是难以避免的，可能面临项目施工风险、经营风险、融资风险、债务风险等各种风险。PPP模式强调合作双方要共同承担风险，政府部门不能把风险全都推给私人部门，而是双方各自承担自己最擅长应对的风险，使对方不擅长承担的风险尽可能小。比如在交通设施的建设中，合作后期如果因为车流量不足使私人部门难以获得预期的收益，政府部门就可以通过现金流量补贴的方式分担私人部门的经营风险。PPP模式通过合作双方在各自优势领域里最优的风险分担和应对机制，实现整体风险最小化的目标。（4）按绩效付费。PPP项目建设完成后，政府要组织第三方机构对其进行绩效评估，项目资产和各项服务要达到一定标准或各项指标的要求，政府按照产出和绩效进行支付，付费和绩效标准高度相关，以体现对私人部门的激励作用。

综上所述，本书将PPP的定义概括为，PPP是指公共部门与私人部门为提供公共产品或服务而建立的长期合作关系，由私人部门利用其资源负责项目设计、建设、经营和维护等大部分工作并获取合理收益，政府部门负责价格和质量监管，以提升公共产品的服务质量。一般包含符合此特征的各种模式（BT模式除外）。

2014年11月财政部发布《关于印发政府和社会资本合作模式操作指南（试行）的通知》，提出六种PPP运作模式，分别为委托运营（O&M）、管理合同（MC）、建设-运营-移交（BOT）、建设-拥有-运营（BOO）、转让-运营-移交（TOT）和改建-运营-移交（ROT），如表10-1所示。其中每种模式社会资本参与程度均有不同，表格越往下的模式社会资本参与程度和风险程度越高。

表 10-1 财政部推广的六种 PPP 模式及适用项目

PPP 模式	模式内容	适用项目类型
委托运营（O&M）	政府保留存量公共资产的所有权，仅将公共资产的运营维护职责委托给社会资本或项目公司，并向社会资本或项目公司支付委托运营费，社会资本或项目公司不负责用户服务。	市政建设、交通设施、能源设施、农田水利设施、公共服务、环境保护
管理合同（MC）	政府保留存量公共资产的所有权，将公共资产的运营、维护及用户服务职责授权给社会资本或项目公司，只向社会资本或项目公司支付管理费。	
建设 - 运营 - 移交（BOT）	由社会资本或项目公司承担新建项目设计、融资、建造、运营、维护和用户服务职责，合同期满后项目资产及相关权利等移交给政府。	几乎所有领域
建设 - 拥有 - 运营（BOO）	由 BOT 方式演变而来，两者主要区别是 BOO 方式下社会资本或项目公司拥有项目所有权，但必须在合同中注明保证公益性的约束条款，一般不设计项目期满移交。	市政建设、公共服务、环境保护
转让 - 运营 - 移交（TOT）	政府将存量资产所有权有偿转让给社会资本或项目公司，并由其负责运营、维护和用户服务，合同期满后资产及其所有权移交给政府。	市政建设、农田水利建设、公共服务
改建 - 运营 - 移交（ROT）	政府在 TOT 模式的基础上，增加改扩建内容。	环境保护

二、我国推广PPP模式的现实意义

在政府部门的大力推动下，PPP模式在全国各地广泛开展起来，PPP模式的推广对加速我国新型城镇化进程无疑是一个强有力的促进。它有助于缓解基础设施建设中巨大的资金缺口，降低建设成本，提高运营效率，同时还有助于转变政府职能，提升国家治理能力和治理水平。

（一）PPP模式有助于缓解基础设施建设的资金缺口

我国新型城镇化已进入快速发展阶段，但基础设施建设滞后于城镇化的发展步伐。目前我国人均公共基础设施资本存量，只有西欧国家的38%、北美国家的23%[①]，整体城市基础设施水平不高，城市道路、地下管网、热力设施、污水处理等基础设施难以满足城镇化快速发展的需要，更不要说满足智慧城市建设的需要了。造成这种情况的原因是我国长期以来对基础设施建设的资金投入不足。1991年至2014年，我国城市市政设施投资额占同期固定资产投资额的比例平均为4.88%，与世界银行推荐的发展中国家城市基础设施资金投入占全部固定资产投资的15%—20%的目标区间相距甚远。从城市市政设施投资占GDP的比例来看，我国长期不足3%，达不到联合国开发计划署对发展中国家3%—5%的推荐值。[②]

城市基础设施建设的任务主要由地方政府来承担。随着我国经济进入新常态，国民经济由高速增长转向中高速增长，经济下行压力加大，财政收入的高速增长也将成为历史，财政收入增速放缓。面对经济下行压力，地方政府要稳增长、保民生，财政支出压力骤升，收支缺口进一步扩大，不得不靠土地财政加以弥补。然而2015年由于经济增速放缓，土地市场需求不足，全国土地出让收入32547亿元，同比下降24.2%。于是2015年下半年地方政府融资平台卷土重来，又开始趁机大量为地方政府举债融资，使中央意图通过推出地方政府债券来取代融资平台为地方政府融资从而逐渐化解地方债务风险的举措没有达到预期效果。地方政府巨额的债务存量、较大的地区发展差距、难以遏制的投资冲动，加上金融市场的约束，

① 吉富星.PPP模式的理论与政策［M］.北京：中国财政经济出版社，2017：69-70.

② 陈世金.中国新型城镇化基础设施融资模式研究［M］.北京：中国社会科学出版社，2017：62.

使得短期内地方政府债券发行规模很难有大幅提升，从而替代原有的平台融资模式。所以中央选择这样的时机在全国大力推广PPP模式，旨在拓宽基础设施建设和公共服务供给的融资渠道，创新融资模式，缓解制约基础设施建设发展的瓶颈。

PPP有多种模式可供选择，可以适应多元化融资主体和投资主体的需要。PPP模式下，项目融资的任务更多是交给社会资本来承担，缓解了公共部门的融资压力和债务负担，可以使政府部门得以开展更大数量、更大规模的基础设施建设。目前国际上比较流行的PPP融资方式有政府专项贷款、国内外银团贷款、一般企业债券以及资产证券化等，各种融资方式具有不同的融资成本和融资风险，PPP融资工具的多样化可以为不同项目的融资主体提供多重选择的融资工具，满足其对不同风险和收益的偏好。

（二）PPP模式有助于降低基础设施建设成本、提高运营效率

公共部门垄断了公共产品的供给，由于既无竞争压力又无追求利润的动力，政府官员在供给公共产品时根本不考虑成本问题，正如美国经济学家弗里德曼所说“用他人的钱，为别人办事”，使不计成本的政府行为不断发生，往往造成公共产品供给成本高效率低。基础设施作为准公共产品，原来由政府垄断供应，难以逃脱供给不足、低效管理的问题。PPP模式通过引入社会资本，让社会资本承担投融资、设计、建设、运营、维护基础设施的大部分工作，“让专业的人做专业的事”。政府部门负责基础设施及公共服务价格和质量监管，充分发挥政府部门和私人部门在各自领域的优势，把追求公共利益、社会目标和私人部门的资金、技术、管理优势结合起来，有效降低基础设施建设成本，提高运营效率。私人部门长期在激烈的市场竞争中打拼，充分了解市场信息和实际需求，能从容应对市场环境的瞬息万变，较好地实现“追求利润”和“规避风险”两个目标的平衡。PPP模式通过制度设计向私人部门提供

项目全生命周期的激励，刺激私人部门改进管理、开拓创新，降低项目建设和运营成本，避免出现成本超预算、拖延工期等问题，提高公共产品供给质量和效率。

（三）PPP模式有助于转变政府职能、提升国家治理能力

新公共管理理论主张政府职能应从公共服务的生产者角色中解脱出来，转向购买者和监督者，实现从“划桨”向“掌舵”的转变，以免扭曲社会资源的配置效率，而将更多的精力放在监督其他公共组织和合理地安排制度的活动中去。党的十八届三中全会通过的《中共中央关于全面深化改革若干重大问题的决定》将政府职能界定为：宏观调控、市场监管、公共服务、社会管理、保护环境。PPP模式在基础设施和公共服务领域的大力推广，有助于政府在基础设施领域的职能转变，实现项目的管办分离，从基础设施项目建设、运营的具体事务中脱身出来。让市场充分发挥其配置资源的能力，发挥私人部门在设计、建设、运营和维护基础设施方面的专业和技术优势。政府更多地去从事制定政策规则、加强监督管理、营造法制信用环境等方面的工作，提高政府执政能力和水平，解决政府职能错位、越位和缺位的问题。

PPP模式作为一种公共产品的供给方式，超越了单纯的融资手段的职能，更是一种体制机制的创新。它鼓励社会资本参与原本只能由政府来提供的公共服务领域，不仅降低了财政负担，提升了公共服务供给效率，提高了供给质量，而且向社会传递了一种公共治理理念，呼吁社会、公众、企业共同参与到国家治理体系中，实现社会共建、共治和共享，提升国家治理能力。而且实践证明，PPP项目的成功率与国家治理能力息息相关，因此我们也要借此契机加快体制机制的升级与变革。

三、PPP模式操作流程

财政部在《关于印发政府和社会资本合作模式操作指南（试行）的通知》中规定了PPP模式实施的五个阶段，19个步骤，如图10-1所示。

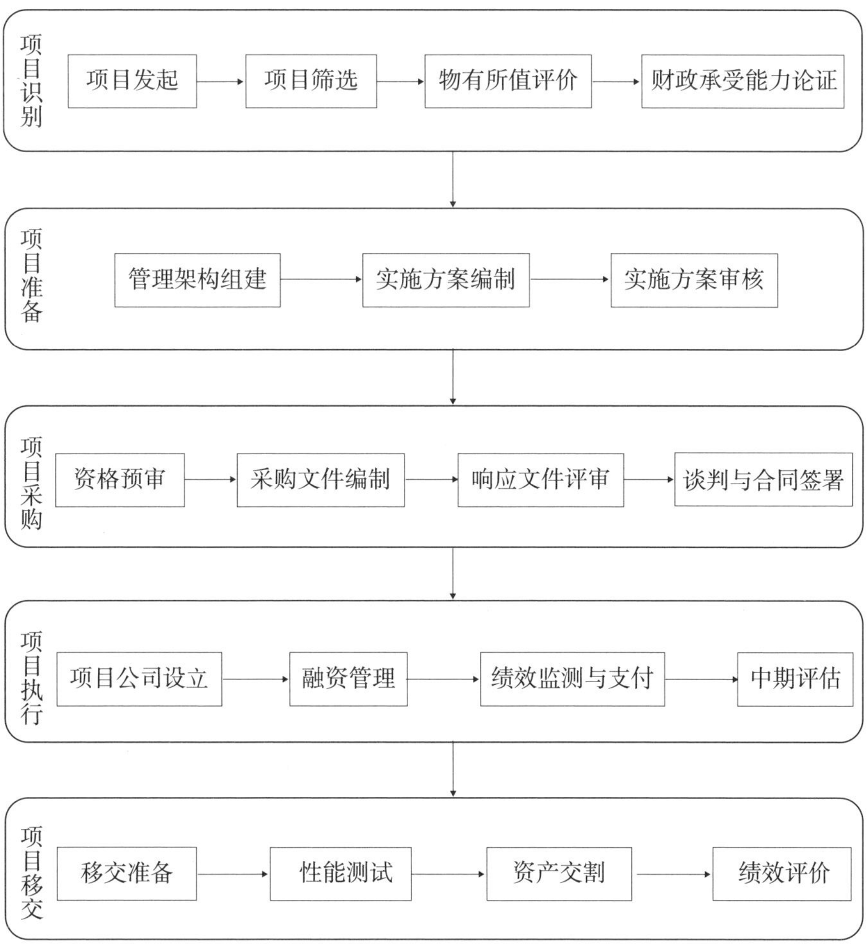

资料来源：财政部网站。

图 10-1　PPP 项目操作流程图

第一阶段：项目识别

1.项目发起

PPP项目可由政府或社会资本发起，以政府发起为主。财政部门向政府各行业主管部门征集潜在的政府和社会资本合作的项目；社会资本也可以以项目建议书的方式向财政部门推荐潜在的政府和社会资本合作的项目。

2.项目筛选

财政部门会同行业主管部门对潜在的政府和社会资本合作项目进行筛选，确定备选项目。财政部门根据筛选结果制定项目年度和中期开发计划。入选项目的发起人按财政部门要求提交相关资料：新建、改建项目提交可行性研究报告、项目产出说明和初步实施方案；存量项目提交资产历史资料、项目产出说明和初步方案。

3.物有所值评价

财政部门会同行业主管部门从定性和定量两方面开展物有所值评价，现阶段以定性评价为主，定量评价根据各地实际情况开展。定性评价重点关注PPP模式与传统采购模式相比能否增加供给、优化风险分配、提高运营效率、促进创新和公平竞争等，并根据指标进行专家打分。定量评价主要通过对PPP项目全生命周期内政府支出成本现值与公共部门比较值进行比较，计算项目的物有所值量值与物有所值指数，判断PPP模式是否降低项目全生命周期成本。

4.财政承受能力论证

每一年度全部PPP项目需要从预算中安排的支出责任，占一般公共预算支出比例应当不超过10%。通过物有所值评价和财政承受能力论证的项目，可进行项目准备。

第二阶段：项目准备

5.管理架构组建

县级（含）以上地方政府可建立专门协调机制，负责项目评审、组织协调和检查督导等工作。政府或其指定的有关职能部门或事业单位可作为项目实施机构，负责项目准备、采购、监管和移交等工作。

6.实施方案编制

由项目实施机构组织编制项目实施方案，列明以下内容：（1）项目概况；（2）风险分配基本框架；（3）项目运作方式；（4）交易结构；（5）合同体系；（6）监管架构；（7）采购方式选择。

7.实施方案审核

财政部门对项目实施方案进行物有所值和财政承受能力验证，通过验证的，由项目实施机构报政府审核；未通过验证的，可在实施方案调整后重新验证；经重新验证仍不能通过的，不再采用PPP模式。

第三阶段：项目采购

8.资格预审

项目实施机构准备资格预审文件，发布资格预审公告，邀请社会资本参与资格预审，并将资格预审的评审报告提交财政部门备案。项目有3家以上社会资本通过资格预审的，项目实施机构可准备采购文件；不足3家的，项目实施机构调整实施方案重新组织资格预审；重新资格预审合格的社会资本仍不够3家的，可依法调整实施方案选择的采购方式。

9.采购文件编制

采购文件内容包括采购邀请、竞争者须知、竞争者应提供的资格、资信及业绩证明文件、采购方式、政府对项目实施机构的授权、实施方案的批复和项目相关审批文件、采购程序、响应文件编制要求、提交响应文件截止时间、开启时间及地点、强制担保的保证金交纳数额和形式、评审方法、评审标准、政府采购政策要求、项目合同草案及其他法律文本等。项目采用公开招标、邀请招标、竞争性谈判、单一来源采购方式开展采购的，执行政府采购法律法规及有关规定。

10.响应文件评审

评审小组由项目实施机构代表和评审专家共5人以上单数组成，其中评审专家人数不得少于评审小组成员总数的2/3，评审小组至少要包括1名法律专家与1名财务专家。

11.谈判与合同签署

项目实施机构成立采购结果确认谈判工作组，进行合同签署前确认谈判。确认谈判完成后，签署确认谈判备忘录，并公示采购结果和合同文件。公示期满无异议的项目，政府审核同意后项目实施机构与中选社会资本签署合同。

第四阶段：项目执行

12.项目公司设立

社会资本可设立项目公司，政府可指定相关机构依法参股项目公司。项目实施机构和财政部门应监督社会资本按照采购文件和项目合同约定，按时足额出资设立项目公司。

13.融资管理

社会资本或项目公司负责项目融资。社会资本或项目公司应及时开展融资方案设计、机构接洽、合同签订和融资交割等工作。未完成融资的，政府可提取履约保函直至终止项目合同。项目出现重大经营或财务风险，威胁或侵害债权人利益时，债权人可要求社会资本或项目公司改善管理等。财政部门和项目实施机构应做好监督管理工作，防止企业债务向政府转移。

14. 绩效监测与支付

项目实施机构定期监测项目产出绩效指标，编制季报和年报，并报财政部门备案。对于政府有支付义务的，项目实施机构应按照实际绩效直接或通知财政部门向社会资本或项目公司及时足额支付。项目实施机构依约监管社会资本或项目公司履约情况。

15. 中期评估

项目实施机构应每3—5年对项目进行中期评估，重点分析项目运行状况和项目合同的合规性、适应性和合理性；及时评估已发现问题的风险，制订应对措施，并报财政部门备案。

第五阶段：项目移交

16. 移交准备

项目实施机构或政府指定的其他机构组建项目移交工作组。移交形式包括期满终止移交和提前终止移交；补偿方式包括无偿移交和有偿移交；移交内容包括项目资产、人员、文档和知识产权等；移交标准包括设备完好率和最短可使用年限等指标。

17. 性能测试

项目移交工作组按照性能测试方案和移交标准对移交资产进行性能测试。性能测试结果不达标的，移交工作组应要求社会资本或项目公司进行恢复性修理、更新重置或提取移交维修保函。项目移交工作组委托具有相关资质的资产评估机构，按照项目合同约定的评估方式，对移交资产进行资产评估，作为确定补偿金额的依据。

18. 资产交割

社会资本或项目公司应将满足性能测试要求的项目资产、知识产权和技术法律文件，连同资产清单移交项目实施机构或政府指定的其他机构，办妥相关移交手续。社会资本或项目公司应配合做好移交及其后续工作。

19. 绩效评价

移交完成后，财政部门应对项目产出、成本效益、监管成效、可持续性、政府和社会资本合作模式应用等进行绩效评价，公开评价结果。

四、我国PPP项目存在的主要问题

20世纪80年代以来，我国在基础设施、公用事业领域引入一些PPP项目，涉及道路交通、电力能源、污水处理等多个领域，有力推动了基础设施建设。1985年开工的广东沙角B电厂是我国第一个成功实施的BOT项目。2014年在政府部门的大力推广下，我国PPP模式获得了井喷式增长，成为全球最大的PPP市场。截至2020年年末，管理库在库项目累计10010个，投资额15.4万亿元。PPP模式在我国迅猛发展的同时，也存在着诸多问题。

（一）配套的法律法规尚不完善

PPP的有效运作有赖于完善的法律环境。我国目前尚没有针对PPP的专门法律。与PPP相关的法律法规有《特许经营管理办法》《中华人民共和国政府采购法》《中华人民共和国招标投标法》，以及国务院及各部门制定的管理办法、指导意见等。上述这些法律法规不能全面覆盖PPP运营过程中出现的各种问题。由于PPP项目的法律法规关系非常复杂，且项目推进过程中需要适用多个法律，涉及多个领域，而现有的法律涉及面较窄，相互之间存在不协调、不配套的问题，使项目实施者无所适从。同时，现有法律对社会资本进入基础设施领域的法律保障不完善，如招投标法不允许对标书上的条款条件等做出实质性修改及评标完成的后续协商谈判。这种规定与PPP合同期限长、不确定因素多、再谈判可能大的情况不符，容易导致项目缺乏可操作性，社会资本面临法律风险大，从而降低PPP项目的吸引力。

（二）政府和社会资本双方均缺乏契约精神

在PPP项目中，政府和社会资本需要合作十几年甚至数十年，双方的行为通过合同契约来进行约束，只有双方都严格遵循契约精神，平等合作、信守承诺，才能使项目顺利推进。然而有些政府部门过于强势，为了使项目尽快签约，随意降低标准，虚增消费需求量，隐瞒项目风险；项目完成后不按合同约定履行支付义务，不兑现当初的承诺；随意改规划、调标准，政策朝令夕改，面临政府换届时更是相互推诿责任，严重损害社会资本的利益。

社会资本也有违背契约精神的现象发生，比如有些企业为追求利润最大化而降低公共产品或服务的质量，或由于项目收益低于预期，要求政府财政补贴，实现“无风险套利”等。但总的来说，政府和社会资本合作中政府由于拥有政策、规则制定权而居于强势地位，社会资本则居于相对弱势地位，因此需要通过契约限定双方的权利和义务，约束政府不能滥用权力，维护好双方的权益不受损害。

（三）政府过度重视PPP的融资功能忽视管理

从PPP入库项目数量和投资额来看，贵州、新疆、内蒙古等西部省（区）名列前茅，表现出了对PPP浓厚的兴趣，而上海等地PPP发展较为缓慢。截至2017年6月末，按PPP入库项目数排序，前三位分别是贵州、新疆、内蒙古，项目数分别为1865个、1257个和1173个，合计占入库项目总数的31.7%。按PPP入库项目投资额排序，贵州、云南、山东（含青岛）入库投资额居前三位，分别为1.7万亿元、1.2万亿元、1.2万亿元，合计占入库总投资的25.3%。PPP入库项目数排名最后的上海只有1个PPP项目入库。原因是西部地区财政实力弱，稳增长、促发展的压力大，寄希望于PPP项目的开展缓解财力困境、加快基础设施建设，而东部地区经济发达、财力雄厚，可以有多种手段搞基础设施建设，对PPP的积极性也就没那么高。可见，在实践中，一些地方政府更看重PPP的融资功能，希望通过引进民间投资解决新建项目资金短缺问题，而不是把PPP作为一种新的公共产品供给机制和管理模式、一种优化资源配置提高供给效率的竞争机制。致使在实践中合作双方缺乏长期合作精神，追求短期经济利益，在项目运作上急功近利，缺乏充分合理的论证，项目筛选盲目草率，物有所值评价走过场，实施方案制定不清晰等，使项目达不到预期效果。但事实上，如果只是单纯融资的话，PPP项目只是延迟了政府资金支付的时间而已，而且若仅将PPP作为变相举债融资的工具，会加重政府债务负担，加剧债务风险。只有通过加强项目管理提升效率，降低公共产品的供给成本，才能使政府和社会资本合作双方受益，使公众受益。

（四）缺乏合理的风险分担机制和定价机制

由于PPP项目的长期性，项目开展期间可能会遭遇经济波动、政策法规调整变动、政府换届、经济结构调整等诸多情况，尤其是国家政策法律法规的调整事先很难做出预测，使PPP项目面临诸多风险。再加上我国PPP开展的时间不长，企业缺乏风险预测与管理方面的经验，很多合同中关于风险分担的条款过于宽泛模糊，责任认定不清晰，双方都想将风险转移给对方，缺乏最优风险分担机制和有效应对措施。在价格形成方面，由于基础设施和公用事业非竞争性、非排他性及自然垄断等特点，使得价格无法由市场来决定，需由政府和市场共同决定。传统的成本定价法和投资回报率法由于公共产品的成本及投资回报率等标准难以确定，加之信息不对称、政府监管不力等因素，为合作一方的社会资本涨价创造了条件，难以实现“盈利不暴利”的原则。也有另外一种情况，因为对项目全生命周期的资本投入、运营成本、市场需求、预期收益的预测不准确，导致合同定价过低而使项目最终失败。

（五）民营资本参与热情不高退出难

PPP项目中，国有企业参与多而民营企业参与少，2015年年底以来民营企业落地项目、市场成交项目均呈现出持续下降态势。民营资本进入PPP领域至少存在着三个障碍。一是“不敢进”。PPP项目多为公益性项目，投资回收期长，资本投资周期与项目周期不匹配，面临的风险和不确定因素较多，收益有限。政府权力过大，对社会资本推脱责任、利益侵犯现象时有发生，所以一些社会资本处于观望态度，不敢轻易进入。二是“进不来”。城市基础设施有进入壁垒，原来这一领域以财政投资为主，现在虽然逐渐向社会资本放开，但是与国有企业相比，民营企业资本规模小，融资能力弱，有些门槛较高的领域如轨道交通领域竞争不过国有企业。而一些地方政府出于项目本身的公益性特点，更愿意与国有企业合作。三是“出不去”。一些PPP项目缺乏完善的退出通道，资产证券化产品在PPP项目中运用不充分，社会资本不能适时退出，也影响了民间资本的积极性。民间资本的参与度不高，不利于社会资本结构的优化，不利于PPP项目的充分竞争和效率的提高。

五、推广PPP模式的建议

当前我国PPP推进速度很快，规模巨大，如能良性发展，则可以有效拉动经济增长，带动民间投资，改善公共服务的供给，促进体制机制改革的进一步深化，积极意义重大。但是对PPP也要有清醒的认识，PPP不是免费的午餐，其有效实施需要完善的法律环境、健全的管理体系、有效的监管制度、规范的流程、发达的金融市场、高效的政府治理能力等。PPP模式也有它的局限性，不宜过度使用，它在缓解当前财政支出压力的同时，可能增加未来的支出责任和债务负担，若实施不当，有可能造成国有资产流失，累积债务风险。从发达国家的实施情况来看，PPP在公共部门的投资比重并不高，只是作为公共投资的重要补充而不是替代，那些积极开展PPP的西方发达国家其投资额总体上不超过公共投资的15%。即便是PPP开展最好的英国，PFI项目占整个公共部门投资的比例也仅有11%。[①] 因此，在我国开展PPP项目不应不切实际地一哄而上，既要看到它的积极作用，也要正视它的风险和局限，继续完善与PPP相关的各项制度，推进PPP持续健康发展。

---

① 吉富星.PPP模式的理论与政策［M］.北京：中国财政经济出版社，2017：241.

（一）完善政府和社会资本合作的法律法规

完善的法律环境是确保PPP顺利实施的重要保障。我国目前应加快PPP立法的步伐，通过立法明确界定政府和私人部门的权利和义务，对各自在设计、融资、运营、维护等阶段所承担的责任、义务以及风险进行清晰界定，保证合作双方的利益不受侵犯，以增强社会资本投资的信心。改变目前国家发改委和财政部共同负责PPP立法、监管、政策制定的状况，避免部门职责交叉重叠、职能划分不清给下面的执行者带来的干扰。从立法上明确独立的监管机构，界定各部门的职能，确保PPP项目的顺利实施和有效监管。

（二）强化地方政府的契约精神

政府信守承诺、按合同规定履约，不滥用自身权力侵犯社会资本的权益，才能稳定社会资本的信心，吸引社会资本参与到PPP项目的建设中来。因此要加强地方政府的信用建设，通过法律法规界定政府行为，加强对地方政府的行为约束，对政府违约行为进行不同程度的惩罚，并将政府的契约精神作为政府的考核指标之一，减少其在PPP项目中违约现象的发生。同时加强PPP项目的信息披露，让社会公众参与对政府信用的监督，在全社会营造尊重契约精神的社会氛围。

（三）积极鼓励和引导民营资本参与基础设施建设

民营资本的参与可以增加市场活力，促进市场主体充分竞争，推动PPP项目降低成本，提高供给效率。政府应加大对民营资本的政策支持力度，首先，给予民营资本融资方面的支持，使民营资本在贷款发放、融资渠道、金融创新等方面享有和国有企业同等的待遇，提高民营资本的融资能力。其次，地方政府在项目审批、征地、税收方面给予民营资本一定的优惠，鼓励地方政府在同等条件下优先选择综合实力强的民营企业。最后，利用资产证券化完善社会资本的退出机制，减轻民营资本的后顾之忧。

（四）建立最优的风险分担机制

政府和社会资本都是风险厌恶者，在没有制度约束的情况下，会千方百计将风险转嫁给对方。在PPP项目中，既要防止社会资本实现“无风险套利”，政府过度承担经营风险，损害国有资产和纳税人的利益；又要防止政府部门为缓解当期财政压力，将责任和大部分风险单方面甩给社会资本，打击社会资本参与合作的积极性。因此，为保证PPP项目的顺利实施，要求我们要加强对风险的预先识别，按照政府和社会资本的各自优势建立合理的风险分担机制，由社会资本承担项目运营和管理方面的风险，由政府承担政策和制度变化方面的风险，双方共同承担不可抗力的风险。

（五）避免PPP异化为单纯的融资工具

2014年以来，我国掀起了PPP建设的热潮，在这场热潮中难免鱼龙混杂、泥沙俱下。一些地方政府把PPP模式当成稳增长保民生的“救命稻草”，出现了不少伪PPP、假PPP项目，风险频出。因此，在相关政策、指南中应明确PPP的认定标准，对各种模式、融资工具要将边界条件界定清楚，区分各自差异，区别对待，防止PPP泛化。清理伪PPP项目，对不规范的项目可建立纠偏机制，通过纠偏和再谈判加以规范。从追求PPP项目的数量和落地率转而追求PPP的质量提升，从作为片面的融资手段和强调施工利润转而强调公共产品和服务的供给效率，促进PPP模式在我国的健康发展。

案例讨论

1. 如何界定政府在PPP项目中的作用？

2. 怎样理解我国PPP市场由快速增长的“提量”阶段过渡到规范发展的“提质”阶段？

3. 政府应如何规范PPP项目的发展？

案例11

个人所得税改革减税惠民生

案例描述

称2019年为“减税年”大概不为过。从个税“起征点”提高至每月5000元，到养老、租房、子女教育等6项专项附加扣除引入，一年来，诸多减税措施纷纷落地，牵动着大众的切身利益。进入12月，个税纳税人更是迎来第一次汇算清缴。

一年下来，大家的纳税单和收入账有何变化？哪些群体受益明显？还有哪些新期待？

每个月缴税少了，“工薪族”的钱包更鼓

个税减免，获得感知多少？

魏冬向记者展示了11月初收到的工资条。他2016年毕业，先后在北京和上海的两家互联网公司工作，工资条上面显示，当月基本工资、项目奖金和各项补贴为3万余元；工资收入额减除5000元和社保公积金，应纳税所得额是25000余元，当月缴纳的个人所得税是3600余元；最终魏冬10月的到手工资是22000余元。

谈及今年个税“起征点”提高到5000元，以及个人所得税引入教育、养老等6项专项附加扣除，魏冬竖起大拇指。“从大环境上感知，个税抵扣引发了工薪层大范围的兴奋。出台有关政策后，身边的同事都在忙着填报，对税额有了一定的减免，申报过程本身也不复杂。”魏冬介绍，“我每个月房租是5000元左右，申报抵扣个税，直辖市租房居住的应纳税所得额扣除标准是每月1500元，等于每年少交了几百元的税费。”魏冬又展示了手机里的个人所得税申报应用程序。“我每个月都申报。有些同事还申报了赡养老人、房贷利息等好几项，如果有孩子上学、自己需要学习充电，省得更多。”魏冬说。

个税改革后，扣除方式与以往有所不同，不好简单地按月类比。不过，一年下来，魏冬大致算算账，比上一年每月平均少缴税两三百元。他笑言：“如果税务部门有好用的小程序，我一输入识别号，就能显示出今年比去年具体少缴多少，获得感就更明显了。”

更高收入额减除、更多专项附加扣除，个人所得税的一揽子减税“红包”，覆盖了各个收入水平的工薪人群，实现了不同程度减税。同时，一人一个纳税人识别号、自行申报手段、不断完善的汇算清缴制度和反避税条款，也让监管力度前所未有地强大，使偷税漏税者无所遁形。

魏冬对申报所需提供的材料还觉得有些烦琐。“现有申报程序需要准备的材料不少，希望能再简化一些，也希望税务部门开发更多好用的程序，细化一下配套的操作办法。”魏冬说。

11月20日国务院常务会议提出，要加强相关政策解读，简化操作流程，优化办税服务，便利纳税人依法纳税；合理有序建立个人所得税年度汇算清缴制度，使专项附加扣除政策更好落实并不断完善，实现税制可持续。魏冬希望相关配套措施能早一些出来，更简便、更清楚。

劳务报酬纳入“综合所得”，中低收入者受益

此次个税改革引入“综合所得”概念，将工资薪金所得、劳务报酬、稿酬与特许权使用费纳入综合征税范围，让更多中低收入群体受益。

吴叔、张姨是一对年过五旬的夫妇，吴叔在合肥、南京等地打工，张姨则在上海从事家政行业多年。新个税法规定劳务报酬所得除减除20%的费用后计入收入额外，还与工资薪金合并为综合所得计算，适用超额累计税率。对此吴叔表示："我们这种在工地上做小工的，这个月在这里干，下个月在那里干，挣的是劳务报酬。以前劳务费相比工资，'起征点'低，赚多赚少都是交二成税。"在吴叔看来，同样是自食其力，如今的个税法对工资薪金和劳务报酬一视同仁，缴税时"一碗水端平"，体现了对劳动的尊重，让他备感欣慰。同样计入综合所得，享受年度6万元减除和超额累进税率，也让吴叔的到手收入更高。"快到年底了，今年回家过年腰包更鼓了！"吴叔说。

同样高兴的还有吴叔的妻子、资深家政服务工作人员张姨。张姨吃住都在雇主家中，日常花销少，赚的都是"纯收入"。个税新政实施后，月工资近万元的她，除了应纳税收入额减除5000元，赡养老人等还有专项附加扣除，已经实现缴纳个人所得税为零。"我家是四世同堂，老人养老，孩子入园，都要用钱。税交的少了，全家人的手头更宽裕了。"

据统计，2019年1—9月，全国范围内累计减税4400多亿元，惠及2.5亿纳税人，对完善收入分配、增加居民收入、扩大消费发挥了重要作用。税务总局有关负责人表示："个人所得税的减少，直接提高了居民收入，提升了居民消费能力。"

"个税改革的意义不单纯是减税、刺激消费，还要起到调节收入分配作用，随着当前个税制度的完善，这种作用的发挥还有待进一步推动。"北京大学经济学院教授刘怡说。11月20日的国务院常务会议决定，为进一步减轻纳税人特别是中低收入群体负担，暂定两年内对综合所得年收入不超过12万元或年度补税金额较低的纳税人，免除汇算清缴义务。这将进一步降低税收遵从成本，切实减轻纳税人特别是中低收入群体负担。

海员个税减免，特殊群体感受到温暖

一年间，个税改革不停步，利好消息不断释放。

11月20日的国务院常务会议提出，借鉴国际做法，从2019年1月1日起到2023年年底，对一个纳税年度内在船航行超过183天的远洋船员，其工资薪金收入减按50%计入个人所得税应纳税所得额。

据了解，当今国际贸易总运量的90%是通过海洋运输完成的。中国海员群体规模庞大，到2018年年底已有注册船员157.5万人，居世界第一。新的个税减免优惠政策，受到海员热烈欢迎。

任景伟目前在中海油一条浮式储油船上担任二管轮。他介绍，海员个税月“起征点”曾长期高于陆地工作者，达到4800元，但此后居民个税起征点逐步提高到5000元，海员的个税起征点却未相应调整。“海员享受个税优惠是国际通行做法，过去几年，行业待遇跟陆地工作者差距缩小，职业吸引力也在下降。”中远海运集团远洋船舶的海员们在接受采访时纷纷表示，海员与家人聚少离多，是一个非常辛苦的行业。船上生活极度封闭，多数情况下，没有手机信号和互联网，与陆地的联络只能靠卫星电话。

任景伟2012年毕业于上海海事大学轮机工程专业，此后一直在远洋船舶工作，至今已有7年多，在他看来，船员作为一个付出巨大却回报甚少的少数群体，应得到社会的理解。“这次个税减免政策使高级船员受益较大，这些人一般是正规院校、航海技术和轮机工程专业毕业的，高级船员队伍的稳定对行业发展非常重要。但此前的收入待遇缺少吸引力，新人难招、老人想走，职业流失率很高。”任景伟说。

“享受优惠的年出海时间下限是183天，也就是半年。我每年至少要出海8个月，而我们做这一行的，每年出海时间基本都在半年以上。”工作于中远海运集团的船长刘思聪和政委郑文敏认为，这次的个税优惠政策能覆盖多数远洋船员。

任景伟算了一笔账：“我自己是二管轮，以二副、二管轮一级的高级船员为例，在船月收入为2万元左右。以一年在船8个月计，船员工资结构一般是在船有工资，休假在家就没工资，或只有一点生活补贴，所以年收入16万元，分月预缴后平均每月工资13000元，扣除每月单位代缴的社保公积金3000元左右，再减除5000元，当月应纳税所得额是5000元，每月缴个税290元。这次优惠出台后，收入减半计税，每月个税为零，每年可以省下几千元税款。如果是船长、轮机长、大副、大管轮等更高级的船员，省下的税费就更多了。”

中远海运的一位水手长朱春荣说，新优惠政策的出台，可以让多数海员受益，也增加了行业对年轻人的吸引力，“针对海员的个税优惠，让我们感受到了国家对海员这个少数群体的关心，心里非常温暖”。

（案例来源：汪娅《个税新政实施一年，听纳税人自己算算减税账——减个税，到手收入多了》，《人民日报》（海外版）2019年12月18日。）

案例评析

一、理论基础

政府在制定和实施税收制度时需要树立基本的指导思想，以此作为衡量税收制度优劣和评价税收治理效果的根本标准，这就是税收原则。通常来说，现代税收原则主要分为两类：公平原则和效率原则。

（一）税收公平原则

公平原则是政府课税的首要原则，也是设计税收制度的基本原则，公平公正的税收制度不仅可以提高纳税人的税收遵从度，还有利于矫正收入分配维护社会稳定。

税收公平原则包括横向公平和纵向公平两个方面。横向公平指的是福利水平相同的人应缴纳同样多的税收；纵向公平指的是福利水平不同的人应缴纳不同的税收。可用古典经济学家穆勒提出的均等牺牲概念来阐释纵向公平，即如果纳税人在缴税后的福利损失或牺牲程度是均等的，则纳税人得到了公平的对待，税收实现了纵向公平。均等牺牲和纵向公平原则要求实行累进税制，因而实行累进税率的所得税是实现纵向公平的制度保证。如何才能判断一个人应该比另一个人缴纳更多的税？涉及对公平的判断标准问题，理论界由此派生出两类原则：受益原则和纳税能力原则。

1. 受益原则

即按照纳税人从公共服务中获得利益的水平来缴纳相应的税收。受益原则将公民纳税和政府提供公共服务看作类似于市场交易的过程，税收是公民享受公共服务的价格，获得同等利益的纳税人应缴纳同样的税收，获得更多利益的纳税人应缴纳更多的税收。

然而受益原则存在一定的局限性。首先，个人从公共服务中获益多少在很多情况下是难以衡量的。对于有些公共服务，如道路、桥梁、社会保障等，可以直接根据受益原则收取费用或征税。而对于大多数公共物品或准公共物品来说，如国防、教育、社会治安等，人们都可以从中获益，但很难确切衡量每个人获得的利益大小。如果让纳税人自己申报从公共服务中所获得的利益并据此纳税，则纳税人可能会瞒报或低报自己获得的真实利益从而少交税款，使受益原则的使用受到限制。其次，受益原则的使用由于“搭便车”问题而受限。公共物品的非排他性使得某些人可能会成为“搭便车者”，享受了公共物品的利益却没有进行支付，这一现象影响了受益原则的应用。最后，受益原则可能会抑制公共物品的使用。如果按照受益原则征税，可能会造成有些人为了少缴税而减少对一些必要的公共物品（如公共设施）的使用，而导致资源的闲置，降低资源配置效率。

2. 纳税能力原则

即按照纳税人的纳税能力来判定其应缴纳的税收数量。纳税能力的衡量标准通常可分为三类：收入、消费或财产。（1）收入标准。一般认为，收入（或所得）是衡量纳税能力的最好尺度。按此标准，收入多的人多缴税，收入少的人少缴税。然而对于收入的统计口径还存在一定的争议，例如是以个人收入还是以家庭收入为衡量纳税能力的标准、以总收入还是以净收入为标准、以货币收入还是以经济收入为标准等等，各国有着不同的处理方法。（2）消费标准。以人们的消费能力为税基对消费品课税，是依据人们对社会的索取多少而不是贡献大小来纳税，其计征管理相对简单，缺点是这种税具有一定的累退性，不利于缩小收入分配差距。（3）财产标准。财产作为个人已积累起来的购买力存量，在一定程度上弥补了收入税基的不足，可以作为收入税基的补充。但以财产为衡量纳税能力的标准，会提高社会的消费倾向，不利于储蓄和投资增长。同时各种形式的财产还存在着估价难、征收难的问题。综合比较以上三种税基，以收入（所得）作为税基更优。实践中多采用一种税基为主，其他税基作为补充。

（二）税收效率原则

征税不仅要考虑公平，还要考虑效率。这里的效率包含两层含义：一是征管效率，即以尽可能少的征管费用、便捷的征收办法换取尽可能多的税收收入；二是征税应有利于促进经济效率的提高，促进社会资源的有效配置，有效发挥税收的经济调节功能。与效率相关的有两条税收原则：税收中性原则和节约与便利原则。

1. 税收中性原则

税收中性，指税收制度的设计不对私人部门的资源配置状况构成影响，不干扰市场机制的运行。如果政府课税使消费者的消费行为和生产者的生产行为发生了改变，就意味着原有的资源配置状况已发生变化，则这种税收就是非中性的。实践中，大部分税收都会影响市场中各种商品的相对价格，干扰消费者和生产者的选择，产生税收的额外负担。因而遵循税收中性原则，要求尽量减少征税所造成的效率损失，当然不能完全消除额外税负。

2. 节约与便利原则

政府在征税的过程中必定会耗费一定的成本，包括征管成本和缴纳成本。政府因征税需要设立税务机构，安排征税人员，耗费一定的人力、物力和财力，发生征管成本。纳税人为履行纳税义务，需要进行自行申报、登记、税务咨询，以及发生税务纠纷时支付费用等，构成缴纳成本。为降低征管成本和缴纳成本，提高税收征管效率，应遵循税收的节约与便利原则。节约原则要求在征收既定税收收入的前提下，应尽可能使征纳双方的费用降到最低，做到税收费用最小化。便利原则要求税种设置应简明、确定，容易征集，具体来说，税制设计应简便易行，不宜过于复杂；税制对纳税人、课税对象、税目、税率及征管方式等税制要素要做出清晰的规定，以做到依法治税、有法可依。

（三）税收公平与效率的两难选择

总体而言，税收的公平与效率是相互促进、互为条件的对立统一体。首先，效率是公平的前提。税收作为一种分配手段，要有益于经济发展和社会进步，有利于促进社会财富的增长，而不是阻碍经济发展，否则公平就成了低效率的公平。其次，公平是效率的必要条件。不公平的税收难以实现高效率，如果税制不公平，势必会损伤纳税人的生产积极性，使经济缺乏活力和动力，对经济的长期发展不利，终归会影响效率的提高。因此，税收制度既要追求效率，又要体现公平。但是就具体的税种而言，税收的公平与效率难以兼顾，甚至会发生矛盾。以所得税为例，所得税能够体现量能纳税的特点，相对来说课税较为公平，但是它距离生产和流通环节太远，对生产和流通的直接调节作用有限，故而效率不高。所以，就某一具体的税种来说，往往侧重以公平或效率为主；就国家的整体税制来说，可以组合成公平与效率兼顾的税制体系。

具体到我国的现实国情，目前我国的经济发展已经取得了令世人瞩目的成就。但是居民贫富差距比较悬殊，所以个人所得税在公平和效率原则的考量中，应更加注重公平原则，力求通过个人所得税的实施来缩小居民收入分配差距，并最终实现共同富裕。

二、案例分析

（一）2019年个税改革的主要内容及成效

2019年新《中华人民共和国个人所得税法》（简称《个人所得税法》）

正式实施，这是自1980年《个人所得税法》正式出台之后第七次大的修改，此次税改的主要内容和成效包括以下几个方面。

1.建立综合与分类相结合的个人所得税制

此次税改将原来分类征收的工资薪金所得、劳务报酬所得、稿酬所得和特许权使用费所得合并为综合所得，适用七级超额累进税率，实行按月预扣、按年汇算清缴；对经营所得，利息、股息、红利所得，财产租赁所得、财产转让所得、偶然所得仍采用分类征收模式，按照规定分项征收个人所得税。综合所得的设计，使不同性质的所得按纳税人进行归并，减少不同性质所得的税负差异。此举标志着我国个人所得税税制已从分类征收模式转变为分类与综合相结合的税制模式，向综合税制改革迈出了第一步，在一定程度上缓解了因收入结构不均导致的税收不公现象，更有利于税收公平。

2.提高综合所得基本减除费用标准

基本减除费用标准由3500元/月提高到5000元/月（或6万元/年）。新标准综合考虑了居民人均消费支出水平、平均供养人数、居民消费物价指数等多重因素，确定出最低生计费用。基本减除费用标准的提高，使取得综合所得的纳税人税收负担均有不同程度的下降，尤以中等收入以下群体税负下降明显。

3.优化调整税率级距

调整综合所得低档税率的适用范围，扩大3%、10%、20%三档税率的级距，使低档税率的适用人群扩大，中低收入者税收累进的速度降低，中低收入群体减税效应明显；缩小25%税率的级距；维持30%、35%、45%三级高档税率级距不变。经营所得5%至35%的五级超额累进税率不变，各档税率的级距扩大，其中35%税率级距下限由10万元增加到50万元。从以上举措可以看出，政府降低总体税负的意图明显，中低收入群体受益更多。

4.增设专项附加扣除

新个人所得税增加了六项专项附加扣除，包括子女教育支出、继续教育支出、大病医疗支出、住房贷款利息支出或住房租金支出、赡养老人支出等与百姓生活密切相关的支出项目。专项附加扣除的实施能够较为准确地反映个人负担能力的差异，切实体现了个人所得税对可支配收入课税的目标，更加符合课税公平原则，且进一步降低了总体税负。

（二）新个人所得税存在的主要问题

新个人所得税的实施，减税效果十分明显，对受中美贸易战和新冠肺炎疫情影响的中国经济起到了一定的提振作用，广大中低收入者普遍受益，促进了民生的改善，税制的公平程度也有了显著提高。然而，按照税收公平原则来衡量，我国目前的个人所得税在以下几个方面仍需完善。

1.不同性质的收入税负轻重不同

将个人所得税的收入构成与居民人均可支配收入的来源构成进行对比可以发现，个人所得税中来自劳动所得的税负明显比来自经营所得和资本所得的税负重。个人所得税中大体可归为劳动所得的三个税目（工资薪金所得、劳务报酬所得和稿酬所得）在2019年贡献的个税比重为63.6%，而与其大致对应的居民工资性收入在居民人均可支配收入中的比重仅为55.9%。即劳动所得负担的税收比重比劳动收入在居民收入中的比重高出7.7%，表明劳动所得的税负较重，详见表11-1。

表11-1　2019年个人所得税收入结构与居民可支配收入结构对比

<table>
<tr><th colspan="3">个人所得税</th><th colspan="2">居民人均可支配收入</th></tr>
<tr><th>税目</th><th colspan="2">税收占比（%）</th><th>收入来源</th><th>收入占比（%）</th></tr>
<tr><td>工资、薪金所得</td><td>59.5</td><td rowspan="3">63.6</td><td rowspan="3">工资性收入</td><td rowspan="3">55.9</td></tr>
<tr><td>劳务报酬所得</td><td>4.0</td></tr>
<tr><td>稿酬所得</td><td>0.1</td></tr>
<tr><td>经营所得</td><td>7.0</td><td>7.0</td><td>经营净收入</td><td>17.1</td></tr>
</table>

续表

个人所得税			居民人均可支配收入	
税目	税收占比（%）		收入来源	收入占比（%）
特许权使用费所得	0.1	12.9	财产净收入	8.5
利息、股息、红利所得	11.9			
财产租赁所得	0.9			
			转移净收入	18.5
其他项目	16.5			
合计	100		合计	100

数据来源：根据《中国统计年鉴（2020）》《中国税务年鉴（2020）》中的数据计算得来。

相比之下，经营所得承担的税负较轻，2019年经营所得贡献的个税仅占7.0%，比经营净收入在居民可支配收入中的占比17.1%低了10.1%。经营所得税收收入不高的一个重要原因在于，经营所得的税率结构中，5%的低档税率和核定征收承担了主要的税负。这种现象反映出以个人为主体的经营活动会计核算简单而税务机关也倾向于简便征收避免麻烦的特点，然而这却弱化了通过累计税率调节收入分配的作用。

资本所得的税负介于劳动所得和经营所得之间。与劳动所得相比，资本所得享受了很多税收优惠。由于资本所得在高收入群体的收入中占有较高比重，过多的税收优惠不利于调节高收入者的税收和实现纵向公平。其中特许权使用费所得和财产租赁所得贡献的税收很低，资本所得的税负主要来自股息、红利所得（个人存款利息免税）和财产转让所得。股息和红利所得中股票和债券从其取得到出售等环节几乎享受了全链条的税收优惠政策。财产转让所得名义上实行20%的比例税率，但是税务机关由于实际操作的困难，对于个人转让住房时不能拿出住房原值凭证的，可以按住房转让收入的1%—3%核定征收。这些规定使得资本所得的税负大大降低。然而从国际上看，OECD国家总体上有提高资本所得税负的趋势，以增加个税收入，促进社会公平，如冰岛将资本所得税率从20%提高到22%，韩国将资本收益超过3亿韩元的大股东税率从20%提高到25%。具体到我国，如今已经告别了资本稀缺的年代，生产要素供给的主要矛盾已由资本稀缺转向技术要素和高质量人才要素的稀缺，科技创新终归依赖于人才的推动。个人所得税税收政策取向也应顺势而动，侧重于鼓励劳动所得而非资本所得，体现在税负上劳动所得的税负不应高于资本所得。

一些纳税人将劳动所得变相转化为经营所得和资本所得的税收筹划行为，从另一个侧面证明了劳动所得的税收负担偏高的事实。这种所得来源性质不同、税负轻重不同的税制，不利于横向公平，同时也有悖于生产正义，不利于鼓励劳动者通过辛勤劳动为社会创造更多的社会财富。

2. 过高的综合所得边际税率对收入分配调节作用有限

第一，最高边际税率与国际比较明显偏高，不利于吸引高端人才。据统计，2018年OECD国家平均最高边际税率为38.54%，其中超半数国家的最高边际税率低于我国，且削减税率级次和调低最高边际税率是国际上自2000年以来个人所得税改革的大趋势。不仅如此，当今各国为了推动本国科技进步和经济发展，对高端人才展开了激烈的争夺战，争相推出税收优惠政策以吸引人才，如土耳其、斯洛文尼亚、瑞典等国针对高技术人才实施了额外扣除措施。相比之下，我国45%的最高边际税率影响了对高端专业人才的吸引力，不利于创新驱动战略的实施。

第二，综合所得与其他所得的边际税率存在较大差异，不利于个税内部不同所得的税负公平。以劳动所得为主的综合所得最高边际税率45%，不仅高于经营所得最高35%的税率，更远高于资本所得和其他所得20%的比例税率，不利于个税内部的公平。高收入者可通过税收筹划降低劳动所得比重，增加资本所得比重；或是通过成立企业将个人所得税转化为企业所得税降低税负，这也使得45%的边际税率实际起到的作用不大。

第三，调节收入分配的作用有限。我国当前国民收入水平仍普遍偏低，过高的边际税率设置适用人数极少，适用45%税率的人数约占总人口数的0.03%，使得高税率的设置形同虚设，调节高收入的作用机制难以有效发挥。高税率还滋生了纳税人逃税避税的动机，加大了税收征管难度，容易造成税款流失，破坏税收公平。

第四，高边际税率过度调节了高劳动收入群体，而非高收入群体。综合所得的高边际税率主要针对的是劳动所得，并不适用于经营所得和资本所得，其所调节的人群多是具有极高专业知识和技能的各领域高级专业人才、科技人才、管理人才等高劳动收入群体，正是我国实施创新驱动战略急需的人才。而真正的高收入群体，其收入主要来源于非劳动所得。根据《2019—2020中国高净值人群财富报告》，高净值人群（家庭资产600万—1000万元是高净值人群达标的门槛）财富来源前三位依次是创办公司（39.0%）、工资等劳务性收入（21.9%）、房产投资获利（13.4%），其他来源分别为从长辈继承财产（7.6%）、股票投资获利（2.9%）、其他投资获利（15.2%）。由此可计算出高净值人群家庭财产中劳动所得、经营所得和资本所得占比分别为21.9%、39.0%、39.1%，劳动所得比重最低税负最高，而经营所得和资本所得比重高税负低。显然综合所得的边际税率再高，对高收入群体的调节作用也是有限的，个人所得税几乎沦为劳动所得税。①

3. 专项附加扣除标准的制定未充分考虑个体差异和区域差异

专项附加扣除项目中，子女教育专项附加扣除仅以受教育子女数量为扣除依据，未考虑子女教育不同阶段、不同地区教育支出的显著差异。子女教育专项附加扣除实行每个孩子每月1000元的统一标准，然而不同教育阶段的学生教育支出差别极大。学前教育、高中和高等教育阶段的教育负担均远高于小学和初中的义务教育阶段，尤其是学前教育和高等教育负担沉重，教育负担呈现出“两头重中间轻”的特点。以北京市为例，仅考虑学费的情况下，公办幼儿园分为市级示范园、一级园、二级园、三级园和

① 陈龙，刘杰．我国个人所得税税率结构设计理念、实践及改进空间［J］．地方财政研究，2020（10）：49-58.

无级类园等不同类别，保育教育费分别按不高于900元、750元、600元、450元和250元每月自行制定收费标准，以二级园为例计算半年学费可达3600元；义务教育阶段不收学费；普通高中学费为350元每学期，重点学校为800元每学期；高等学校非艺术类普通专业大多为5000元每学年（相当于2500元每学期）。不同教育阶段子女按相同的标准扣除，显然有失公允。同时，统一的扣除标准未考虑地区差异，我国由于城乡和区域经济发展不平衡，不同地区居民的收入和消费水平存在较大差异，对教育费用的承受能力不同。尤其是对于支出负担较重的高等教育来说，生源可跨区域流动，不同地区的居民面临着不同的高等教育支出压力，教育专项附加扣除同样未能体现这种差异。

住房贷款利息专项附加扣除实行每月1000元的定额扣除，同样忽略了地区差异。各地房价不同，购房者房贷支出压力也不同，一线大城市购房者的房贷支出远高于其他地区的购房者，而全国均实行单一的固定金额扣除，容易造成受益不公，且低收入群体无法受益的局面。[①]

赡养老人专项附加扣除未考虑赡养老人数量不同所造成的负担差异。根据《个人所得税专项附加扣除暂行办法》，赡养一位60周岁以上老人即可享受每月2000元的定额扣除，而不论老人数量多少，老人有多位子女的可由子女分摊2000元的扣除额。随着生活水平的提高和老年人寿命的延长，家庭赡养的老人数量逐渐增多，多养一位老人所需的养老医疗费用及投入的时间精力都是成倍增加的。赡养老人数量多寡对家庭支出的影响较大，不考虑老人数量差异的定额扣除不利于合理减轻纳税人的税收负担，不利于体现税收公平原则。

4. 综合所得预扣预缴和汇算清缴所在地不同引发的地区间税负分担不公

新税制对工资薪金所得实行“按月累计预扣”制度，如果纳税人只有

① 寇恩惠，刘柏惠.个人所得税房贷利息扣除政策优化探讨［J］.税务研究，2020（7）：32-37.

单一的工资薪金所得，这种累计预扣制度可减轻汇算清缴和补税退税的麻烦。对于除工资薪金所得之外还取得了其他综合所得的纳税人而言，劳务报酬所得、稿酬所得和特许权使用费所得预扣预缴和汇算清缴计算方法和适用税率不同。预扣预缴仍沿用改革前的老办法，适用20%的比例税率按月按次预扣，而汇算清缴需要合并四项收入，运用综合所得的七级超额累进税率予以核算，由于税率和计算方法的变化，会出现退税或补税的情况。综合所得的四项收入来源不同，收入来源地可能在不同地区，这样就有可能出现预扣预缴和汇算清缴所在地区不同，由汇算清缴申报地单独承担退税金额或独占补税金额都有失公平。

三、结论与建议

（一）有序推进综合与分类相结合的个人所得税制

从促进公平正义的角度出发，应继续推进综合与分类相结合的个人所得税制改革，逐步扩大综合所得的范围。在经济全球化的背景下，我国个人所得税的优化和调整应积极借鉴国际上的成功经验。从国际上掀起的个人所得税改革来看，实行综合税制，不仅是个人所得税改革的方向，同时也更加符合税收公平的根本要求。我国从1994年实施《个人所得税法》以来，最初实行的分类税制对不同所得项目分别计税，虽然有助于提高税收征管效率，但是在税收公平方面存在明显的缺陷。2019年实施的个人所得税改革，初步建立了综合与分类相结合的税制模式，但是综合所得的范围依然偏窄，所得来源不同税负轻重不同的问题仍未完全解决。从公平税负的角度出发，我国个人所得税应进一步提高税制的综合程度，强调以“人”为核心，将多种渠道取得的各项收入进行汇总征收，按照纳税人的综合负担能力实现量能课税，尽量避免所得性质不同从而税负水平不同的不公平不合理现象。

考虑到目前我国税收征管水平及配套措施的不完善，实行完全的综合税制条件尚不成熟，较为可行的做法是继续推进综合与分类相结合的个人所得税制，逐步扩大综合所得的范围，下一步可将经营所得纳入进来一并计税。对于经营所得，应严格控制核定征收的适用范围，不要将其作为日常的管理方法。经营所得在纳入综合所得计税之前，允许将扣除经营成本、费用以及损失后的余额作为应纳税所得额。将经营所得纳入综合所得可进一步简化税制，实现劳动所得与经营所得的公平税负。

近年来居民的资本所得增长迅速，在居民收入中的占比不断扩大，但是由于资本所得享受过多的税收优惠而对其征税力度偏小。对于资本所得，目前尚不宜纳入综合所得中，由于资本跨境流动相对容易，税负提升容易导致纳税人将资本转移到境外逃避税收。但是本着维护税法的严肃性，应减少资本所得的税收优惠，尽量缩小不同所得的税负差异。

（二）简化税制，降低综合所得最高边际税率

我国个人所得税最高边际税率自1994年设定以来一直延续至今，已从当初国际上偏低的税率水平变为偏高的税率水平。在经济全球化和国际税收竞争日趋激烈的背景下，应适应简化税制降低边际税率的大趋势做出相应调整，方能保持我国税收的国际竞争力。下调最高边际税率可刺激消费和投资需求增长，促进经济发展。税率的降低可增加高收入者税后可支配收入，从而提振这部分人群的消费需求，激发其消费意愿和消费潜力，增加对高质量消费品和服务的消费，推动消费结构升级和相关产业发展，并驱动投资的增长。下调最高边际税率可增加对高端专业人才的吸引力，为推动我国科技进步、实施创新驱动战略、促进经济发展提供有力的人才支撑。下调最高边际税率可减少高收入者偷税避税等行为的发生，激励其合法纳税，提高税收遵从度，营造依法纳税的良好社会氛围。这样既可以提升税收纵向公平，使高收入者真正承担更多的税收，充分发挥个税的收入调节作用，还可以提升税收横向公平，减少因少数人偷逃税款而造成同等收入者承担税负不同的现象。

从降低最高边际税率的可行性来看，根据相关研究，过高的边际税率由于适用人数较少，调低最高边际税率对个税筹集资金及调节收入再分配职能的发挥影响不大。[①]

参考国际经验和考虑到我国的实际情况，可将最高边际税率下调至35%并相应削减税率级次。结合前述将经营所得纳入综合所得改革的建议，35%的税率与原经营所得的边际税率持平，且可缩小综合所得和其他所得的税负差距，有利于促进不同所得的税负公平。

（三）细化专项附加扣除标准

专项附加扣除项目中，针对子女处于不同教育阶段教育支出不同而扣除额相同的问题，可采取在义务教育阶段维持人均1000元/月扣除标准的基础上，按照不同阶段教育支出的费用差别分别制定学前教育、高中教育、高等教育等阶段相对于义务教育支出的系数，以1000元乘以系数确定不同阶段的扣除标准。对于就读于不同地区高校的纳税人家庭，子女教育扣除应体现地区差异，可适当调高在东部地区高校就读子女的教育专项扣除标准。

完善住房贷款利息专项扣除，借鉴住房租金专项附加扣除办法，在现有月均1000元房贷利息扣除额的基础上充分体现地区差异。根据不同城市规模制定档次不同的房贷利息扣除额，以充分照顾到不同地区纳税人房贷支出的压力。

随着人口老龄化的加剧，赡养老人的负担日益加重，赡养父母专项附加扣除应按赡养老人人数不同设计不同的扣除额，使政策更加体恤民生公平合理。

（四）协调综合所得来源地与汇算清缴申报地之间的税收权益

个人所得税作为共享税，不仅要协调中央与地方之间的税收收入划

① 杨昭，周克清.对下调我国个人所得税最高边际税率的思考［J］.税收经济研究，2020，25（5）：28-38.

分，还要协调不同地区之间的税收收入划分。如果综合所得有多重来源和异地扣缴情况，就会涉及汇算清缴申报地和所得来源地的税源分割和衔接问题。在计算补退税时，可由汇算清缴申报地主持汇算清缴收缴税款，并按各地区取得的收入额占纳税人全年收入总额的比例计算各地需相互划转的税款，确保申报地和来源地之间的税收公平。

（五）加强税收征管，促进税收共治共享

税收共治共享，就是让人民群众共同参与个人所得税税收政策法规的修订完善，共同享有个税改革带来的减税红利。2018年10月1日起，新一轮个税改革启动，工资薪金所得每月减除费用标准由3500元提高到5000元。2019年又在基本减除费用的基础上增加了六项专项附加扣除，进一步降低了老百姓的纳税负担，使居民的可支配收入增加。减税直接带动了消费需求的增长，促进经济发展，为此全国个税减收1505.81亿元。为进一步推动个人所得税共治共享的治理格局，首先，着力完善税收治理中的公民参与机制。个人所得税的制定与修改涉及千千万万纳税人的切身利益，应该充分听取广大群众的意见和建议，充分调动人民群众的积极性和热情，鼓励其参与税收制度规则的调整和完善，提升税收治理的民主化，促进个税制度的不断完善。其次，建立和完善涉税信息共享机制。个税的征缴涉及政府多部门信息，仅靠税务部门有限的资料是难以实现税收应收尽收的。教育、医疗卫生、住房城乡建设、人力资源和社会保障、民政、金融等多部门应协助税务部门提供纳税人相关信息，税务部门要加强与相关部门的互助合作协同治理，以完善个人所得税的征收管理。同时税务部门要积极推动税务信息公开化，优化公共服务。最后，促进个税改革成果惠民利益共享。利益共享应该是公平正义追求的结果和应达到的目标。进一步推进个税的改革和完善，扩大综合所得适用范围、降低边际税率、完善附加扣除标准等，使个税更加公平合理，激励企业增加投资，鼓励个人扩大就业增加消费，促进企业增利、人民增收，增加人民群众的获得感和幸

福感，努力实现社会公平正义。

案例讨论

1. 2019年个人所得税改革相比之前做出了哪些调整？

2. 个人所得税如何优化才能更好地发挥收入再分配的作用？